도표로 이해하는
中國語 基本句文

이국희 저

學古房

머리말

　흔히 중국어를 배울 때 '성츠'(生词)를 익히지 못해 말을 못한다거나 '위프아'(语法)를 몰라 글을 못한다고 말한다. 실제로 단어와 어법을 학습하는 데 많은 시간을 들이는데도 그러한 실정이다. 게다가 "중국어는 발음부터"라는 고정 관념까지 가세하여 중국어 학습에 장애 요인으로 작용하고 있다. 그로 인해 지레 겁을 먹고 포기하는 경우도 생겨나는 것을 보면 기존의 중국어 학습법이 최선이 아님을 알 수 있다. 따라서 이제는 중국어 공부의 기본 관념을 혁기적으로 바꾸어 볼 필요가 있다고 본다.
　우선, 기본이 되는 문장구조를 파악하고 자기표현에 시간을 들인다는 방향설정이 필요하다. 이러한 방향을 모색하고 현실화하는 작업은 학습자 개인의 몫이지만 초기 단계에서 시간을 들이는 데 비해 실효성을 거두지 못한다면 가르치는 방법에 문제가 있다고 본다. 무엇보다 새로운 대안을 제시하고 문제를 해결하는 데 초점을 맞추어야 한다. 물론 입과 귀로 하는 외국어 학습이 선행되어야 하지만 '두오팅'(多听) '두오수오'(多说) 외에 다른 방도가 전혀 없는 것은 아니다. 여기서 제시하고자 하는 기본문형 혹은 기본구문은 바로 적용시킬 수 있다는 데 그 최대의 장점이 있다. 그래서 한정된 단어만으로도 기본구문을 활용하여 충분히 대화가 가능하다. 최근에 나온 책들에는 이러한 인식을 바탕으로 새로운 방향을 찾고자 하는 노력의 흔적이 엿보인다. 교재를 집필하는 이들이 가장 우선적으로 고려해야 할 것은 다각적인 모색 과정을 거쳐 독자들에게 선택의 폭을 넓혀주고 흥미를 불러일으킬 수 있는 방안을 찾는 일일 것이다. 엄밀히 말해 본인의 작업도 이러한 방향 제시의 일환으로 시도되었다고 할 수 있다. 줄곧 염두에 두고 있던 중국어 학습에 관한 방법론의 제시를 더 이상 미루어두어서는 안 되겠다는 생각에 그 동안의 자료를 다시 검토하고 정리하면서 새롭게 틀을 짜보았다.

  이 책에서는 표현과 기억에 도움을 줄 수 있도록 도표·공식 등을 제시하였다. 또한 최신의 연구 성과를 독자적 방식으로 표현하고 실용성과 목적성에 초점을 맞추어 그 효과를 극대화시켰다. 어떤 장면에서 어떤 표현을 선택할 것인가와 관련하여 기본구문의 운용, 즉 도표와 공식에서 제시한 예문을 통해 말하고 글 쓰는 데 큰 도움을 얻을 수 있도록 하였다. 또한 학습의 효용성과 편의성을 고려하여 일부를 원음에 가깝게 한글발음을 표기하였다. 중국인들이 사용하는 '한위핀인'(汉语拼音)과의 편차를 염두에 두고 한글발음을 참고한다면 오히려 발음의 정확성을 기하는 데 더 효과적일 수 있다고 본다. 끝으로 이 책이 중국어를 공부하는 이들에게 그 동안 닦은 중국어 실력 전반을 점검하고 다음 단계로 나아가는 디딤돌 역할을 할 수 있게 되기를 바란다. 이 책은 본시 2007년에 타 출판사에서 출판되었다가 근년에 절판되어 아쉬움이 많았다. 이번에 수정 보완한 내용을 반영하고 분량을 줄여 보급판(普及版)으로 다시 출판하게 되었음을 밝힌다.

2013. 3. 15
저자 씀

목차

읽어두기	7
一. 你是上班族吗?	11
二. 我刚下课, 正想回家。	31
三. 我希望你帮助他。	51
四. 天气这么冷, 快要下雪了。	71
五. 他会说一点儿汉语。	85
六. 英文比中文难学。	97
七. 他做练习做得很认真。	111
八. 他因为有事, 所以不能来。	125
九. 如果没有钱, 就无法维持生活。	137
一. 只有年轻人才能理解年轻人。	151
一一. 他的发音又清楚又流利。	161
一二. 老师叫你来。- 被他叫了回来。	175
十三. 我把报看完了。	189
十四. 他是从首尔来的。	201
十五. 我们班有三十来个学生。	215
十六. 认识你, 我很高兴。	237

부록
어법사항 찾아보기	251
상용어휘 찾아보기	255

5

읽어두기

○ 중국어의 특징

단음절어	고립어	성조 언어
한 글자가 하나의 음절로 되어 있고 각각 독립된 의미를 갖는다	어휘는 형태가 바뀌지 않고 어순이 중요한 어법적인 구실을 한다	표준어에는 1성, 2성, 3성, 4성 그리고 경성이 있다

점착어(英语)	고립어(汉语)
어휘의 형태 변화가 많다	어휘의 형태 변화가 없다
Yesterday was Monday. Today is Tuesday.	昨天是星期一。 今天是星期二。
Yesterday I went to Beijing. I went to Beijing 3 years ago.	昨天我去北京了。/ 昨天我去了一趟北京。/ 三年前我去过北京。

○ 어순에 대한 이해

하나의 어순으로 표현	단어의 어순	단어의 의미와 뉘앙스
주어 + 동사 + 목적어 (술어)	단어가 담당하고 있는 역할을 나타낸다	어순으로부터 알아차린다

영어	중국어	한국어
주어+동사+목적어 부사어	주어+동사+목적어 부사어	주어+목적어+동사 부사어

문장성분 6가지

주어	술어	목적어	관형어	부사어	보어
主语	谓语	宾语	定语	状语	补语
주어	서술어	빈어	한정어, 정어	상황어	보충어

중국어 발음의 세 부분

好	h 성모	성조 ˇ ao 운모	hǎo

	성조	
높고 고르게 급히 올린다 낮추었다 올린다 급히 내린다	□ △ ▼△ ▼	① ② ③ ④

성조 발음연습의 예

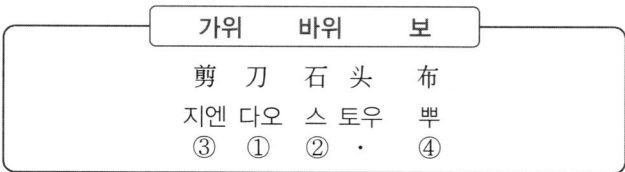

1성 2성 3성 4성 경성(轻声)
 ˉ   ´   ˇ   `   ·

중국어의 성모는 모두 21(22)개가 있다. 운모는 6개의 일반운모와 30(31)개의 결합운모로 이루어진다.

자음				
순음	bㅂ	pㅍ	mㅁ	f(ㅍㅗ)
설첨음	dㄷ	tㅌ	nㄴ	lㄹ
설근음	gㄱ	kㅋ	hㅎ	
설면음	jㅈ-	qㅊ-	xㅅ-	
권설음	zhㅈˇ	chㅊˇ	shㅅˇ	rㄹˇ
설치음	zㅈ▸	cㅊ▸	sㅅ▸	

기본이 되는 모음
a아(에)　o오　e어/에　i이　u우　ü위　(er)얼
(yi)　(wu)　(yu)　[권설운모]
단도으로 음절을 이룰 경우 ( )로 표기

복모음
ai아이　ei에이　ao아오　ou오우
an안　en언　ang앙　eng엉　ong웅
ia이아　ie이에　io요　iao야오　iou(iu)요우
ian이엔　in인　iang양　ing잉　iong융
üe위에　üan위엔　ün윈
ua와　uo우오　uai(ui)와이(우이)　uei웨이　uan완
uen(un)원　uang왕　ueng웅
i-로 시작되는 발음인 경우 y-(혹은 yi-)로 표기
ü-로 시작되는 발음인 경우 yu-로 표기
ü-는 j q x y 뒤에서는 ü의 두 점을 없애고 u로 표기
u-로 시작되는 발음인 경우 wu-로 표기

※ 고딕체로 표시된 부분은 '한위핀인'(汉语拼音)이든 한글발음이든 모두 주의하여 발음해야 한다. 이밖에 대부분의 자음과 모음은 '한위핀인'이든 한글발음이든 쉽게 발음할 수 있다.

一. 你是上班族吗?

• A 기본회화 1 B •

A. 니 밍티엔 취 칸 펑요우 마1)   Nǐ míngtiān qù kàn péngyou ma
你明天去看朋友吗?(내일 친구 만나러 가)

B. 부 취   Bù qù
不去。(안 가) (← 我明天不去看朋友。)

A. 나(머) / 밍티엔 깐 선머 너   Nà(me), míngtiān gàn shénme ne
那(么), 你明天干什么呢?2) (그럼 내일은 뭐하니)

B. 워 이에 뿌 즈따오   Wǒ yě bù zhīdào
我也不知道。(나도 몰라) (← 我也不知道明天干什么。)

의문문의 유형

'吗'를 사용	의문사 사용	정반식	션택식	'好吗'를 사용	'呢'를 사용
…吗?	谁 什么 哪 등	긍정형+부정형	A 不是 B	(건의형)	(생략형)

1. 당신은 직장인입니까?

Nǐ shì shàngbānzú ma
你是上班族吗?

판단동사 쓰(是)shi3)

주어	술어		
A	(不)是	B	마 吗 ma4)

평서문 끝이 어기조사 '吗'를 붙인다 ↵

2. 당신은 일이 바쁩니까?

Nǐ gōngzuò máng ma
你工作忙吗?

你	工作	忙吗?
주어	(주어)	(술어)
	술어	

물음에 대한 대답5)

1	2	3	4
我很忙。	我不忙。	我不很忙。	我很不忙。
(아주) 바빠요	바쁘지 않아요	그다지 바쁘지 않아요	전혀 바쁘지 않아요

형용사술어문 : 술어의 주요 성분이 형용사인 문장6)

3. 당신은 영화(보는 것)를 좋아합니까?

Nǐ xǐhuan kàn diànyǐng ma
你喜欢看电影吗?

물음에 대답하시오

你	喜欢	(동사)	(목적어)	吗?
주어	술어	목적어		

⬇

很喜欢	喜欢	不太喜欢	不喜欢	很不喜欢
1	2	3	4	5

4. 뭐가 무서우세요?

Nǐ pà shénme
你怕什么?[7]

동사 + 什么(what)	怎么(how) + 동사
무엇을 ~합니까 [사물]	어떻게 ~합니까 [동작]

사람	사물	시간	장소	수량	정도	성질·상태	방식·방법	이유·원인
谁 누구	什么 哪 무엇 어느	什么时候 언제	哪儿 哪里 어디	多少 几 얼마 몇	多 多么 어느 정도	怎么样 어떤 어떻게	怎么 어떻게	为什么 怎么 왜 어째서

파 怕 pà	커파 可怕 kěpà	쿵파 恐怕 kǒngpà[8]
자신의 예상이나 제3자의 입장을 서술할 때도 쓰인다 아마(부사) 무서워하다, 두려워하다 (동사)	두렵다, 무섭다 (형용사)	주로 자신의 예상을 얘기할 때 쓰인다 (부사) (나쁜 결과를 예상하여) "아마 ~일 것이다"라는 의미로 쓰일 때 인칭대명사 앞에 놓인다 염려하다(동사)

5. 당신은 취미가 무엇입니까?[9]

Nǐ duì shénme gǎn xìngqù
你对什么感兴趣?[10]

뚜이 对 duì	≥	뚜이위 对于 duìyú
동작의 대상(사람 사물)을 이끌어낸다 (~에게, ~을 향하여 ~에 대해) '向''朝''对待'의 의미 他对我笑了笑。		능원동사/부사＋对于(×) 中文系学生都对于中国的文化感兴趣。(×) 사람＋对于＋사람(×)

6. 당신은 어떤 과일을 좋아하세요?

Nǐ xǐhuan chī shénme shuǐguǒ
你喜欢吃什么水果？

什么 + 명사	哪 + 양사/수량사
반문의 어기(×)	몇 가지 중에 하나를 확정해 주도록 요구 의문·반문의 어기

7. 도대체 이것은 누구 짓이지?

Dàodǐ zhè shì shéi gàn de ne
到底这是谁干的呢？

따오디 到低 dàodǐ

(동사) 끝까지 하다	(부사) 도대체, 마침내
顺着[11]这条路走到底就到学校了. 이 길을 따라서 끝까지 가면 학교에 도착한다.	你到底去不去？ 너 도대체 갈거니 안 갈거니?

주어 앞에도 올 수 있는 부사 : 문장부사
到底 究竟 也许 难道 大概 原来 辛亏 恐怕 突然 …

8. 당신은 어디에서 일합니까?12)

Nǐ zài nǎr gōngzuò
你在哪儿工作?

짜이 在 zài

전치사13)	동사14)
在 + [장소] + …	在 + [장소]
[어디]에서 …	[어디]에 있다

전치사	동사	부사
他在家学习。	他在家。	他在学习。
그는 집에서 공부한다.	그는 집에 있다.	그는 공부하고 있는 중이다.

9. 어디서 인민폐로 환전할 수 있습니까?

Nǎr kěyǐ huàn Rénmínbì
哪儿可以换人民币?15)

여기에 '能'을 쓸 수 있다

哪儿能换钱吗?	哪儿能抽烟吗?	哪儿能照相吗?
어디서 환전할 수 있습니까?	어디서 담배를 피워도 됩니까?	어디서 사진을 찍어도 됩니까?

> • A 기본회화 2 B •
>
> A. 칭원 / 왕프우징 전머 조우 Qǐngwèn / Wángfǔjǐng zěnme zǒu
>   请问,16) 王府井17)怎么走?
>   (실례지만, 왕부정은 어떻게 갑니까)
>
> B. 이즈 왕 치엔 조우 Yīzhí wǎng qián zǒu
>   一直往前走。18)(앞으로 쭉 가면 됩니다)

10. 이것은 도대체 무슨 일인가?

Zhè dàodǐ shì zěnme huíshì
这到底是怎么回事?19)

방법 · 방식(how)	원인 · 이유(why)
怎么说才好呢?	他怎么还没来呀?

동작의 원인이나 상황 · 방식

따오디 到底 dàodǐ20)	지우찡 究竟 jiūjìng21)
캐묻다, 추궁하다	
到底是谁呢?	究竟有几个人?
사물의 본질과 특징을 강조	
비교적 긴 시간과 과정을 거쳐서 어떤 상황 혹은 결과가 나왔다는 사실을 나타낸다 결국, 마침내	
중위 终于 zhōngyú 我想了很久, 到底(终于)明白了。	

11. 넌 이 영화가 어떠니?

Nǐ juéde zhè bù diànyǐng zěnmeyàng
你觉得这部电影怎么样?

쥐에더 觉得 juéde	간쥐에 感觉 gǎnjué
느끼다, 생각하다	느끼다, 여기다, 감각, 느낌
뒤에 '到'가 올 수 없다	뒤에 '到'가 올 수 있다

전머양 怎么样 zěnmeyàng22)	전양 怎样 zěyàng
방식·성질·상태·상황 등을 물을 때 쓴다	

12. 너의 집은 역에서 얼마나 멀어?

Nǐ jiā lí chēzhàn yǒu duō yuǎn
你家离车站有多远?23)

有24)

多25)
얼마나

+

dà	cháng	gāo	yuǎn	kuài	zhòng	hòu	kuān	shēn
大	长	高	远	快	重	厚	宽	深
크다	길다	높다	멀다	빠르다	무겁다	두껍다	넓다	깊다

1	2
수량·정도를 묻는다	적극적 의미를 나타내는 형용사를 쓴다

여기서 '有'는
일정한 정도나 수준에 도달했음을 나타낸다

짜이 在 zài	충 从 cóng	리 离 lí
동작이 행해지는 장소 존재하는 장소	출발지, 출발 시간 (从~到…)	두 장소 사이의 거리 두 시간 사이의 간격
学校离这儿远不远?	学校离这儿远吗?	学校从这儿远吗?
○	○	×

13. 이 문제에 대하여 무슨 의견이 있나요?

Duìyú zhège wèntí / nǐ yǒu shénme yìjian méiyǒu

对于这个问题, 你有什么意见没有?

뚜이위 对于 duìyú[26]	관위 关于 guānyú[27]
대상을 명확히 한다 주어의 전후에 쓰인다 능원동사, 부사의 뒤에 쓸 수 없다	관련된 범위를 규정한다 주어의 앞에만 쓰인다 제목으로 쓰인다
막연한 문제 동작 행위의 대상과 주관적 태도 对于小孩子的将来很担心。	구체적 대상, 중국어 학습 등산 등 사물의 범위 내용 및 사물과 관련있는 사람과 일 关于学习汉语, 我想说几句话。

정반의문문[28]	
긍정형+부정형	
주어+술어+不(没)+술어+목적어 주어+술어+没+술어+목적어	주어+술어+목적어+不(没)+술어 주어+술어+목적어+没有

14. 당신은 결국 동의하는 것입니까?

Nǐ jiūjìng tóngyì bu tóngyì
你究竟同意不同意?

你究竟同意不同意? A B 不 A B	你究竟同不同意? A 不 A B²⁹⁾	你究竟同意吗? A B
○	○	×
你也同意不同意? A B 不 A B	你也同不同意? A B 不 A B	你也同意吗? A B
×	×	○

15. 혼자 할 수 있나요?

Nǐ yī ge rén néng bu néng zuò
你一个人能不能做?

néng~ma?	néng bu néng~?	néng~bùnéng?
你一个人能做吗?	你一个人能不能做?	你一个人能做不能?

정반의문문
조동사의 긍정과 부정을 병렬하여 정반의문문을 만든다 부정부사 '不'는 경성으로 발음한다 你会不会画画儿? (그림 그릴 수 있습니까)
조동사＋不＋조동사＋본동사

16. 좀 더 설명해 줄 수 있나요?

Shì bu shì kěyǐ zuò jìn yī bù shuōmíng
是不是可以作进一步说明？

❶	❷	❸
是不是 + 평서문 ?	주어 + 是不是 + 술어 + 목적어 ?	평서문 + 是不是 + ?

쓰부쓰 是不是 shì bu shì	싱부싱 行不行 xíng bu xíng
확실하지 않은 상황을 확인한다 문장 앞 혹은 끝에 둔다[30]	상대방의 의견을 묻는다 문장의 끝에 둔다[31]

17. 저녁 드시고 가시지 않겠어요?

Chī le wǎnfàn zài zǒu / hǎo ma
吃了晚饭再走,[32] 好吗?[33]

부가의문문

평서문	명령(청유)문	감탄문
	+	
□吗	긍정+부정	
好吗/行吗/成吗/可以吗/对吗	好不好/行不行/成不成/可不可以/对不对	
좋아요, 어떨까요, 괜찮아요, 맞지요		

18. 현금으로 지불하겠습니까, 혹은 카드로 하시겠습니까?

Yòng xiànjīn háishi yòng xìnyòngkǎ
用现金还是用信用卡?

하이스 还是 háishi34)	후오스 或是 huòshi
모두 선택을 나타낸다	
의문문에 쓰인다 你喝茶还是喝咖啡?	서술문에 쓰인다 喝茶或是喝咖啡都可以。
无论·不论·不管 뒤에 쓰여 어떤 상황이든 포함한다는 의미	

선택의문문
(是)A还是B+(呢)? A인가 아니면 B인가? (또는, 아니면, 혹은) 가능성이 있는 두 가지 대답을 연결하고 그 중 하나를 선택하도록 하는 의문문이다35)

선택의문문 형태	
你还是去, 还是不去? 你是去, 还是不去? 你是去, 是不去? 你去, 还是不去? (너) 갈거야 말거야?	还是你去, 还是他去? 是你去, 还是他去? 是你去, 是他去? 你去, 还是他去? 네가 가 (아니면) 그가 가?

제1과 주해

1) 이 책에는 학습의 효율성과 편의성을 고려하여 최대한 원음에 가깝게 한글발음을 표기하였다. '汉语拼音'과의 편차를 염두에 두고 참고한다면 오히려 발음의 정확성도 꾀할 수 있다. 참고로 본서에는 성모가 "ㄱ,ㄷ,ㅂ,ㅅ,ㅈ"인 경우 "ㄲ,ㄸ,ㅃ,ㅆ,ㅉ"으로 4성임을 나타내었다.

한위핀인 汉语拼音 hànyǔpīnyīn	쭈인프우하오 注音符号 zhùyīnfúhào
지엔티쯔 简体字 jiǎntǐzì	프안티쯔 繁体字 fántǐzì
중국 본토	대만

2) 일반적이고 간단한 물음일 경우에 '呢'를 쓰지 않는다. 그러나 좀 특별한 경우, 즉 좀 더 선택하거나 판단해야 하는 물음일 경우에는 '呢'를 쓸 수 있다. 이때 앞에는 접속의 의미를 지닌 '那么'를 자주 쓴다.

…, 那么, …呢?

지시대명사(성질·상태)
这 → 这么 这样   那 → 那么 那样

접속사
那, 那么 : 그럼, 그러면, 그렇다면 (= 那样的话)

那没问题。	那么, 以后再去吧。	那你打个比方吧。
그럼 문제 없어.	그러면 나중에 가자!	그럼 예를 들어 봐.

한편, 이미 알고 있는 어떤 상황에 대해 간단히 되물을 때, 즉 앞에서 말한 화제를 이어받아 질문할 때, 술어 부분은 다 생략하고 명사·대명사 혹은 명사성 단어결합에 바로 '呢'를 붙여서 특수의문문이 된다. 만약 독립된 문장이라면 그 뜻은 "~은 어디에?"이다. 예: 我的书呢? 앞에 다른 내용이 있다면 의문문의 뜻은 그 상황에 따라 정해진다. 예: 今天你不能去, 明天呢?(내일은? / 내일 갈 수 있어?)

명사성분 + 呢	평서문 + 명사성분 + 呢	평서문 + 呢
어디에?	어떠하니?	만약~(그러면) 어떻게 하니?

3) 판단동사 '是'는 판단과 관점을 나타낸다. 이때 목적어는 주어를 설명해주는 역할을 하는데 이렇게 '是'가 다른 단어나 구와 결합하여 술어로 쓰인 문장을 '是'자문이라고 한다.

A는 B입니다	A는 B가 아닙니다	A는 B입니까?	A는 B가 아닙니까?	A는 B입니까?	A는 B입니까?
A 是 B	A 不是 B	A 是 B 吗	A 不是 B 吗	A 是不是 B	A 是 B 不是

늘 영어의 be 동사 (주어나 시제에 의한 변화가 없다, 고립어)

한편, 동사 '是'가 생략되어 뒤에 오는 명사(혹은 명사구, 수량사 등)가 술어처럼 보이는 문장을 명사술어문이라고 한다. 이런 문장은 주로 시간이나 나이, 본적 및 수량 등을 표현할 때 쓰인다.

명사술어문(명사+명사)

숫자(날짜, 시간, 요일, 가격)	국적, 출생지	(부정문)
我二十三岁。	我韩国人。	명사+不是+명사

4) 긍정이나 부정을 나타내는 평서문 뒤에 의문을 나타내는 어기조사 '吗'를 붙여 의문문을 만든다. 이때 평서문의 어순은 변동이 없다.

마 吗 ma	바 吧 ba	다 啊 a
모두 의문의 어기를 나타낼 수 있다		
상대방에게 긍정이나 부정의 답을 요구할 때	대강 알고 있으나 확실치 않아 상대에게 확인을 바랄 때	놀라거나 뜻밖이라는 어감을 나타낼 때 주로 감탄문에 쓰인다
긍정적 답을 들으려는 정도가 좀 높다	의문의 정도 '吗'보다 좀 낮다	—

5) 물음에 대답할 때 의문문의 형태와 의미에 따라 대답을 달리 해야 한다. 대체로 물음에 동의할 때는 '是的' '对' '对了' 등을 쓰고 동의하지 않을 때는 '不' '没有' 등을 쓴다.

6) 술어의 주요 성분에 따른 문장 유형

1	2	3	4
명사술어문	동사술어문	형용사술어문	주술술어문
我韩国人。	我学汉语。	我很忙。	我工作很忙。

7)

동사 + 什么	什么 + 명사
做什么	什么人

8)

쿵파 恐怕 kǒngpà	따까이 大概 dàgài	이에쉬 也许 yěxǔ
아마, 어쩌면 (좋지 않은 일을 예측)	아마 (단순한 추측)	어쩌면 ~일지도 모른다

9) 취미를 묻는 표현

你爱好什么?	你有什么爱好?	你对什么感(有)兴趣?	你喜欢看电影吗?
무얼 좋아하세요?	어떤 취미가 있나요?	무엇에 흥미가 있나요?	영화 좋아하나요?

10) 뚜이 对 duì

전치사	형용사	동사
~에 대하여	맞다	대하다

11) ~따라

이엔저 沿着 yánzhe	순저 顺着 shùnzhe
장소를 나타내는 단어나 단어결합과 결합하여 지나가는 노선을 나타낸다 구체적인 명사 '大道' '方向' '路线' '河堤' 등과 결합하여 쓰인다	
추상적인 노선을 나타내는 명사 앞	(쓸 수 없다)

수이저 随着 suízhe	건저 跟着 gēnzhe
변화/발전/개선	사람/행동

12) 직업을 묻는 표현

你做什么工作?	你是搞什么的?	你在什么单位工作?	你从事什么工作?
어떤 일을 하세요?	무엇을 하는 분이세요?	어느 부서에서 일하세요?	어떤 일에 종사하세요?

13) 술어로 전치사로 쓰일 경우 "~에서"라는 의미로 행위나 동작이 이루어지는 시간·장소·범위·상황을 나타낸다.

从+장소	在+장소	给+사물	把+물건
~로 부터	~에서	~에게	~을(~하다)

14) '在'자가 술어로 쓰인 문장을 '在'자문이라고 한다. 동사 '在'는 "존재하다" "있다"라는 의미로 사람이나 사물의 위치(존재)를 나타낸다. 이때 어순은 A(사람 혹은 사물)+在+B(장소)이며, 의미는 "A는 B에

있다" "A는 B에 존재한다"이다. 이때 A는 특정한 사람이나 사물이어야 한다. 보통명사가 장소를 나타내려면 방위사 '里' '前' 등이나 지시대명사를 뒤에 두어야 한다. 부정형은 앞에 '不'를 쓴다. 때로 '没'을 쓰기도 한다. '在'자문은 존재를 나타내고 동작을 나타내지 않기 때문에 동태조사 '了' '着' '过'를 쓸 수 없다.

존재

사람(사물) + 在 + 장소	장소 + 有 + 사람(사물)
他在家里。	家里有人。
(방위사 혹은 장소명사 앞)	(방위사 혹은 장소명사 뒤)
문장의 주체가 어떤 장소에	어떤 장소에 사람이나 사물이
존재함을 나타낸다	위치하고 있음을 의미한다
不+在	没+有

장소 + 是 + 사람(사물)	장소 + 有 + 사람(사물)
불특정·특정의 사람(사물)	불특정의 사람(사물)
礼堂后边儿是我们的宿舍楼。	礼堂后边儿有一个宿舍楼。
(강당 뒤편이 우리 기숙사이다)	(강당 뒤편에 기숙사가 있다)

15) 환전 관련 표현

一个人能换多少人民币?	你带的什么钱?	换多少?	请写一下钱数和名字。
한 사람이 인민폐를 얼마나 바꿀 수 있나요?	어떤 돈을 가지고 있나요?	얼마 바꿉니까?	금액과 이름을 써 주세요?

16) 다른 사람에게 어떤 것을 겸손하게 물어볼 때 쓰는 말이다. "잠깐 여쭙겠습니다" "말 좀 물어봅시다" "실례합니다" 등과 같은 의미이다.

> Qǐngwèn 请问 + 물어볼 내용

17) 북경의 유명 쇼핑가

Wángfǔjǐng	Xiùshuǐjiē	Xīdān	Zhōngguāncūn
王府井	秀水街	西单	中关村

18) '往'은 방위사로서, 장소를 나타내는 명사나 대명사와 결합하여 동사 앞에서 동작의 방향 나타낸다. 그러나 몇몇 단음절 동사 '开 通 送 寄 运 飞' 등에는 '往'이 그(동사) 뒤에 쓰인다. 예: 这条公路通往仁川。(이 고속도로는 인천으로 통한다)

~쪽으로, ~(을)향해	
왕 往 wǎng	썅 向 xiàng
어떤 방향으로 이루어지는 동작이나 행위를 수반한다 (이동)	주로 동작이나 행위가 이루어지는 방향만 가리킨다 向+사람+추상동사

걷다, 가다	
조우 走 zǒu (walk, leave)	취 去 qù (go)
'걷다' '떠나다' '가다'라는 의미	목적지를 향해 간다는 의미

19)

전머 怎么 zěnme	웨이선머 为什么 wèishénme
'어떻게'라는 의미로 방법과 수단을 물을 때 쓴다 / '왜'라는 의미로 이유를 물을 때 쓴다 / 원인을 물을 수 있다 / 의외라는 의미가 더 강조된다 / 단독으로 쓰일 수 없다	단순히 이유만 묻는다 단독으로 쓰일 수 있다

20)

어기부사				
dàodǐ 到底	jiūjìng 究竟	bìjìng 毕竟	zhōngyú 终于	jìngrán 竟然
도대체 아무래도, 역시 마침내, 결국	도대체 필경, 어쨌든	필경, 어쨌든 마침내, 결국	마침내, 결국	뜻밖에도, 의외로 늑 居然

21)

지우찡 究竟 jiūjìng	삐찡 毕竟 bìjìng
의문문에 많이 쓴다 간혹 긍정문에 쓴다	긍정문에만 쓴다 (서면어)
진술문에서 '필경'이란 뜻을 나타낼 때 바꾸어 쓸 수 있다	

22) '怎么样'은 문장 끝에 쓸 수 있다. '怎么'는 문장 끝에 쓸 수 없고 뒤에 '写' '做' '听' '读' '用' '拿' '看' '打' 등이 온다. '怎么'는 반어문 중에도 쓰이고, 문두에 쓰면 놀람의 어기도 나타낼 수 있다.

怎么样	不怎么样	不怎么样+구체적 동사	不怎么样+형동(심리)	怎么(了)
술어·보어의 기능	(별로) 좋지 않다	가끔	그다지	왜 그러니(술어)

	不怎么		不怎么样	
	不太	不经常	不很好	不好
	별로	그다지 자주 ~하지 않다	별로 좋지 않다	좋지 않다

23) "多+형용사"가 술어로 쓰일 때 흔히 앞에 '有'를 써서 일정한 정도나 수준에 도달하였다("~에 달하다, ~만하다")는 뜻을 나타낸다. 그러나 관형어나 주어가 될 때에는 '有'를 쓸 수 없다. 예: 你穿多大的衣服?(넌 몇 사이즈 옷을 입어)

24) 요우 有 yǒu

존재	추측	물음
있다, 존재하다, 생기다	수량 중량 크기 정도 시간 거리 등을 짐작한다는 의미	주로 '多'와 함께 쓰인다

"주어+술어[有+목적어]"로 구성된 문장을 '有'자문이라 한다. 이 문형은 소유관계를 나타낸다. 부정형으로는 '有'자 앞에 '没'를 붙여야 하며 '不'는 붙일 수 없다

가족의 수와 성원을 묻는 표현

你家有几口人?	你家有谁?	你家有什么人?
식구가 몇 입니까?	집에 누구누구 있나요?	

25) '多'는 부사로서 보통 뒤에 형용사를 받아 "얼마나 ~하겠는가"라는 의문문(多~?) 혹은 감탄문(多(么)~啊!)이 된다. 이때 형용사는 대부분 단음절이다.

나이를 묻는 표현

어른 아이	비슷한 연령층	윗사람
你几岁(了)?	你多大(了)?	您多大年纪(岁数)(了)?
몇 살이니?	나이가 어떻게 되세요?	연세가 어떻게 되세요?

26) "关于"는 단독으로 글의 제목이 된다. '对于'가 글의 제목이 되려면 반드시 "对于~的+명사"의 형식이어야 한다.

27) 전치사 '对'는 행동의 대상을 나타내며 기본적으로 전치사 '对于'의 용법과 같다. 단, 사람과 사람 사이의 관계를 나타낼 때는 전치사 '对'만을 쓸 수 있다. 전치사 '对'는 능원동사, 부사 앞뒤에 쓸 수 있다. 주어 앞에 놓을 수 있으며 뜻은 '对于'와 같다. 전치사 '对于'도 주어 앞에 놓일 수 있으나 능원동사, 부사 뒤에는 쓸 수 없고 앞에간 쓸 수 있다.

28) 정반의문문은 술어가 되는 동사 혹은 형용사의 긍정형과 부정형을 병렬시켜 만든 의문문이다. 이때 의문을 나타내는 어기조사 '吗'를 붙이지 않는다. 만약 동사에 목적어가 있으면 그 목적어는 동사의 긍정형과 부정형 사이에 놓을 수 있다.

정반의문문

你有没有钱?	你有钱没有?	你有钱没有钱?
○	○	자주 쓰이지 않는다

어기조사 '了'가 문장 끝에서 완료를 나타내는 문장이나, 동태조사 '了'가 오는 문장의 정반의문문은 "~没有?"의 형태를 취한다. '没有'는 문장 마지막에 쓰여서 어떤 행위에 대한 실행 여부를 상대방에게 확인하려는 의도를 나타낸다. 예: 他们到底已经来了没有?(도대체 그들은 이미 왔나요)

29) 동사나 형용사가 2음절인 경우, 긍정형에서 뒷 음절을 생략할 수 있다.

30) 판단동사 '是'를 사용한 의문문

주어+(不)是+목적어+吗?	주어+是不是+목적어?	주어+是+목적어+不是?
일반의문문	정반의문문	반어문

[확신을 가지고 상의하는 듯 하는 뉘앙스]

31) '行不行' '好不好' '成不成' '对不对'로 구성된 정반의문문은 문장 끝에 둔다. 문두나 술어 앞에는 둘 수 없다.

다음자(多音字) 行

싱 xíng	항 háng
行不行 / 品行	银行 / 行业

32) 미래형 문장이지만 먹는다는 동작이 끝나는 것을 나타내기 위해 완료를 나타내는 '了'가 쓰였다.

33) 평서문으로 자신의 의견·추측·요구 등을 제시하고 잠시 멈춘 다음에 '好吗' '好不好' 등을 써서 자신이 제시한 의견에 동의를 구하거나 상대방의 생각을 물을 수 있다. 의문문의 앞부분은 평서문이다. 이에 대한 동의를 나타내는 대답으로 '好' '好吧' '好的' '好啊'(wa) 등이 쓰인다.

34) 하이스 还是 háishi

접속사	부사
선택을 나타낸다 또는, 아니면 你去苏州还是去杭州?	몇 가지를 비교하여 얻어낸 최후의 결정을 나타낸다 "…하는 편이 (더) 좋다"는 뜻 咱们还是去苏州吧。

35) 양자 비교의 의미를 담고 있기 때문에 형용사술어 앞에 부사 '很'을 쓸 수 없고, 어기조사로 '呢'만 쓸 수 있다.

너 呢 ne

의문어기	사실의 확인	진행형
你会中文还是会英文呢?	书店九点半才开门呢。	你他正在做作业呢。

二. 我刚下课, 正想回家。

A 기본회화 B

A. 샤오 진 / 니 야오 취 나얼 Xiǎo Jīn / nǐ yào qù nǎr
   小金!¹⁾ 你要去哪儿? (샤오 진, 어디 가려고)

B. 워 강 쌰커 / 쩡 샹 후이쟈 Wǒ gāng xiàkè / zhèng xiǎng huíjiā
   我刚下课,²⁾ 正想回家。
   (막 수업을 마쳐서 마침 집에 가려고 해요)

기원동사

샹(想)xiǎng · 야오(要)yào · 다솬(打算)dǎsuan ~
~하려고 하다, ~하고 싶다, ~할 작정이다
예정·계획·욕구·바람

기원동사 + 목적어	기원동사 + 일반 동사 + 목적어
~(을) 바라다 [생각하다, 그리워하다] 我想家。	~하고 싶다 我想回家。

인칭대명사³⁾

♪我你他我们你们他们♪
워/니/타(단수)워먼/니먼/타먼(복수)
노래하듯 성조에 맞추어 한꺼번에 연습해 본다

1. 그의 작품은 훌륭하여 나는 다시 또 한 번 읽어 보고 싶다.

Tā de zuòpǐn hǎo jí le / wǒ hái xiǎng zài kàn yī biàn

他的作品好极了, 我还想再看一遍。

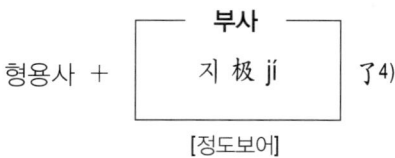

형용사 + [부사 지 极 jí] 了4)

[정도보어]

| (주어) | 하이
还
hái | 想要
(会)
希望
打算 | 짜이
再
zài | 기타 동사 | …5) |

짜이 再 zài	요우 又 yòu
아직 반복되지 않았거나 가능성을 띤 동작	이미 반복되어 확정성을 띤 동작 '첨가'의 의미
반복된다는 '또'의 뜻6)	

2. 나는 당신의 여름 방학 생활을 좀 알고자 한다.

Wǒ xiǎng zhīdao yīxiàr nǐ de shǔjià shēnghuó qíngkuàng

我想知道一下儿你的暑假生活情况。7)

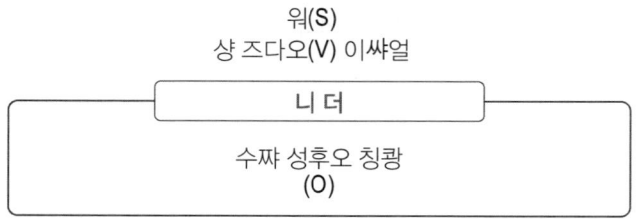

즈다오 知道 zhīdao[8)	랴오지에 了解 liǎojiě[9)
어떤 사람이나 일 혹은 상황을 알다	이해하다, 잘 알고 있다
목적어: 명사 / 문장	목적어: 명사

발음연습

즈다오 知道	뿌 즈따오 不知道
zhīdao 경성(轻声)	bù zhīdào 4성

3. 나는 예술 방면의 일에 종사하고 싶다.

Wǒ xiǎng cóngshì yìsù fāngmiàn de gōngzuò
我想从事艺术方面的工作。10)

zhèngzhì	jīngji	kēxué	zhéxué	yìshù	jiàoyù
政治	经济	科学	哲学	艺术	教育
정치	경제	과학	철학	예술	교육

4. 아직도 한 가지 문제가 있는데 물어 보는 김에 또 물어보겠습니다.

Hái yǒu yī ge wèntí / xiǎng shùnbiàn wèn yīxià
还有一个问题, 想顺便问一下。11)

쑨삐엔 顺便 shùnbiàn	쑨리 顺利 shùnlì	쑨소우 顺手 shùnshǒu
~한 김에	순조롭다	순조롭다, ~한 김에

5. 오늘 나는 원래 영화 보러가려고 하였는데 공교롭게 비가 와서
어쩔 수 없이 가지 못하였다.

Jīntiān wǒ yuánlái xiǎng qù kàn diànyǐng / piānqiǎo xiàyǔ / zhǐhǎo bù qù le
今天我原来想去看电影, 偏巧下雨, 只好不去了。12)

dàqiántiān 大前天	qiántiān 前天	zuótiān 昨天	jīntiān 今天	míngtiān 明天	hòutiān 后天	dàhòutiān 大后天
그끄저께	그저께	어제	오늘	내일	모레	글피

위엔라이 原来 yuánlái	번라이 本来 běnlái
(형용사) 원래의, 본래의	(부사) 원래, 본래
바뀌기 이전의 상황을 가리킨다	
실제의 상황을 알게 되었다는 의미를 나타낸다 알고 보니 ~ 我以为他是女人, 原来是男人!	이치에 맞게 마땅히 이렇게 되어야 한다는 의미를 나타낸다 응당, 당연히 (~해야 한다) 你病没好, 本来就不可以出去。

즈하오 只好 zhǐhǎo

부득이, 할 수 없이 = 只得(děi)

不得不(bùdébù)13)

6. 나는 집에 가서 잘래.

Wǒ yào huíjiā shuìjiào
我要回家睡觉。

샹 想 xiǎng	야오 要 yào14)
~하고 싶다 ~하기 바란다 ~하려고 생각하다 주관적 바람을 나타낸다	~할 것이다 ~하려고 하다 ~하고야 말 것이다 주관적 의지와 염원을 나타낸다

연동문15)

주어 + 동사A + 동사B

1	2	3
전후로 이어서 일어나는 동작 A하고 B하다	목적 B하기 위해(하러) A하다	수단·방법 A하면서(하고) B하다
我要回家睡觉。	我打算去美国学习英语。	他握着我的手说'再见'。

4	5
동작의 방식 A 着 B	보충설명 有(A) B
他躺着看书。	我有钱买这本书。

7. 나는 곧 무역회사에 일하러 가려고 한다.

Wǒ mǎshàng yào qù màoyì gōngsī gōngzuò
我马上要去贸易公司工作。

곧(~하게 된다)16)

마쌍 马上 mǎshàng	리커 立刻 likè
시간이 임박하다	(상대적으로) 시간이 아주 임박하다

문장 안에 동사 '来' '去'가 쓰인 경우 역방향으로 번역하면 보다 자연스럽다	
我 来 这 儿 学 汉语。 1　5　4　3　2 나는 중국어를 배우러 여기에 왔다.	我 来 这 儿 学 汉语。 1　3　2　5　4 나는 여기에 와서 중국어를 배운다.

8. 지금부터 두 시간 공부하려고 한다.

Cóng xiànzài suàn qǐ wǒ yào niàn liǎng ge xiǎoshí de shū
从现在算起我要念两个小时的书。

전치사17)

충 从 cóng18)	짜이 在 zài19)
주로 동작이 진행되는 기점을 나타낸다	주로 동작이 진행되는 장소를 나타낸다

9. 나는 막 길을 건너려고 한다.

Wǒ zhèng yào chuānguò mǎlù
我正要穿过马路。

진행과 지속[20]

쩡 正 zhèng	쩡짜이 正在 zhèngzài	짜이 在 zài
꼭, 바로, 딱 ~하는 중 (진행)	마침 ~하는 중 (진행)(지속)	한참 ~하는 중 (지속)

10. 만약 당신이 중국어를 잘하려면 당신은 꾸준히 연습해야 한다.

Rúguǒ nǐ yào shuō Hànyǔ shuō de hǎo / nǐ děi búduàn de liànxí
如果你要说汉语说得好, 你得不断地练习。

```
      ┌─ 说 汉语 说 得 … ─┐
      │  V  +  O  +  V  +  得  │
      │  동사   목적어   동사  (구조조사) │
      └──────────────────────┘
```

구조조사

더 的 de[21]	더 地 de[22]	더 得 de[23]
관형어 + 的 + 명사 ~의, ~한 관형어 + 的 ~것	부사어 + 地 + 동사/형용사 ~하게, ~적으로	동사/형용사 + 得 + 보어 정도·상황·가능을 설명한다 (정도보어·양태보어·가능보어)

● A 기본회화 2 B ●

A. 워 다쏸 쌰 거 쉬에치 시우쉬에 / 니 칸 전머양
　　Wǒ dǎsuan xià ge xuéqī xiūxué / nǐ kàn zhěmeyàng
　　我打算下个学期休学,你看怎么样?24)
　　(나는 다음 학기에 휴학하려고 하는데, 너는 어떻게 생각해)

B. 우룬 루허 데이 지엔츠 쉬에시　Wúlùn rúhé děi jiānchí xuéxí
　　无论如何得坚持学习。(어쨌든 학습은 해나가야 한다)

11. 휴학한 다음에 무엇을 할 생각이니?

　　　　　　　Xiūxué yǐhòu / nǐ dǎsuan zuò shénme ne
　　　　　休学以后,25) 你打算做什么呢?26)

다쏸 打算 dǎshuan27)	쥐에띵 决定 juédìng
주로 미래의 표현에 쓰인다 ~하기로 하다	보다 공식적이고 중대한 사안 ~ 하기로 결정하였다

이호우 以后 yǐhòu	란호우 然后 ránhòu
앞의 문장에 비해 장래의 일을 도출할 때 쓰는 접속사이다	앞의 문장이 발생한 직후의 상황을 도출할 때 쓰는 접속사이다

12. 그녀와 언제 결혼할 겁니까?

Nǐ dǎsuan shénme shíhou gēn tā jiéhūn
你打算什么时候跟她结婚?

跟 + 대상(사람)	对 + 대상(사람)
쌍방 간의 동작 我跟她他结婚。 나는 그녀와 결혼한다.	일방적 태도 제시 我对他有意见。 나는 그에게 불만이 있다.

건 跟 gēn[28]

접속사	전치사	(관련성 여부)
~와 你跟他都是中国人。	동작을 함께하는 대상을 끌어낸다 我跟他一起去图书馆。 비교할 대상을 끌어들인다 我的看法跟你差不多。	我跟他来往不多。

13. 그는 시장을 개방하기로 결정하였다.

Tā juédìng kāifàng shìchǎng
他决定开放市场。

쥐에띵 决定 juédìng	쥐에이 决议 juéyì	쥐에신 决心 juéxīn
결정(하다)	결의(하다)	결심(하다)

14. 나는 북경에 가지 않기로 결정하였다.

Wǒ juédìng bù qù Běijīng le
我决定不去北京了。

부정부사

뿌(부) 不 bù	메이 没 méi
주관적 바람이나 의지를 부정한다[29] '~안 한다' '~아니다' (과거·현재·미래)	동작·상태의 발생 또는 완성을 부정한다 '~하지 않았다' '안 했다' (과거·현재)
동작 변화가 일어나지 않거나, 사태·상태가 존재하지 않는 것을 나타낸다	(그 시점에 있어서) 동작 변화가 일어나지 않았거나, 사태·상태가 존재하지 않았던 것을 나타낸다

어기조사 러(了)le[30]

너 어디 갔었니? 我去那儿了?	←	너 어디 가니? 你去那儿?
나 학교에 갔었어. 我去学校了。	←	나 학교에 가. 我去学校。

15. 나는 대학에 진학하기를 원한다.

Wǒ yuànyi shàng dàxué
我愿意上大学。

샹 想 xiǎng	야오 要 yào	위엔이 愿意 yuànyi
~하고 싶다, ~할 계획이다	~하려고 한다	(마음이 내켜서) ~하기를 바란다

yòu'éryuán 幼儿园	xiǎoxué 小学	chūjízhōngxué 初级中学 (初中)	gāojízhōngxué 高级中学 (高中)	dàxué 大学

jīchǔjiàoyù 基础教育	zhíyèjiàoyù 职业教育	gāoděngjiàoyù 高等教育31)	chéngrénjiàoyù 成人教育

~하려고 하다	~할 예정이다	~하고 싶다
要 想	打算 准备 豫备	要 想 想要 希望 愿意

16. 내가 노래 한 곡 부르겠습니다.

Wǒ lái chàng yī shǒu gē
我来唱一首歌。

我来＋동사	你来＋동사
어떤 일을 적극적으로 하고자 하는 어감을 나타낸다 연동문의 일종으로 간주할 수 있다	상대방에게 어떤 행동을 하게 하려는 어감을 나타낸다 你来点什么饮料。 (당신이 음료수를 주문하겠어요)
동작의 수행	

제2과 주해

1) (친근감)

샤오 '小'xiǎo + 성씨	라오 '老'lǎo + 성씨
나이 어린 사람의 성씨 앞	손윗사람의 성씨 앞

2)

강 刚 gāng	강차이 刚才 gāngcái
(부사) "어떤 일이 일어난 시간이 방금 전이다"라고 '방금 전'이라는 시간을 알려줄 때 쓴다 막, 바로	(명사) "방금 전에 무슨 일이 있었다"는 사실을 알려줄 때 쓴다 지금 막, 방금, 이제 금방

'刚'과 '刚刚'은 모두 시간이 금방 지나갔다는 의미이다. 그 뜻과 용법이 거의 같으나 '刚'은 '刚刚'보다 시간이 좀 떨어져 있음을 나타낸다. '刚'이 '一'와 함께 쓰이는 경우, 앞뒤 동작이 아주 짧은 시간 내에 전후로 진행된다는 뜻이다. 예: 天刚一亮, 他们就动身了。(날이 밝자마자 그들은 바로 출발하였다)

강 刚 gāng	>	강강 刚刚 gānggāng
(수량사 앞) 부족하다는 뜻		겨우 부족하다는 뜻

3) 인칭대명사

	단수	복수	특수
1인칭	我 나	我们 우리	咱们 우리
2인칭	你 너	你们 너희	您 당신
3인칭	他 그	他们 그들	她 그녀 / 它 그 (것)
기 타	人家 자기, 그 사람(들) / 大家 모두들, 여러분 / 自己 자신 / 别人 남		

咱们 (우리끼리) = 我们 + 你们 [상대방도 포함]

4) '极'는 ('得' 없이도) 형용사 혹은 심리 활동을 나타내는 동사 뒤에서 정도보어로 쓰여 어떤 정도나 상태가 극단적인 상황에 이른 것을 나타내는데, 이러한 정도보어가 쓰인 문장 끝에는 '了'를 붙이는 것이 자연스럽다. 예: 好极了!(정말 좋네요) 这本书便宜极了!(이 책 너무 싸다) 我累死了。(나 피곤해 죽겠어) 喜欢极了。(아주 기쁘다) 이밖에 '多' '透' '死' '坏' 등이 '得' 없이도 정도보어로 쓰인다.

정도・상태의 차이	
형용사/동사 + 极了	非常 + 형용사/동사

5)

하이 还 hái	짜이 再 zài
① 还+조동사/동사(希望 打算 등) '반복'의 의미 ② 还+동사 '보충'의 의미(범위의 확대・항목의 증가)	(조동사)+再+동사 조동사나 希望 打算 앞에 쓸 수 없다 동작의 반복만 나타낸다 종종 수량사와 함께 쓰인다
'지속'의 의미 상황에 변화가 없을 때	'반복'의 의미 상황에 변화가 생길 때

6) '还'는 미래에 동작이나 상태가 반복될 것임을 나타내는 경우 '再'와 같지만 '又'와 다르다. '又'는 일반적으로 과거에 이미 동작이나 상태가 반복되었음을 나타내기 때문이다. '再' '还'은 아직 실현되지 않은 동작에 사용되며 '又'는 실현된 동작에 사용된다. '再'와 '还'의 차이점은 '还'은 반드시 능원동사 앞에 놓이며 '再'는 주로 능원동사 뒤 동사 앞에 쓰인다는 것이다. 아직 일어나지 않은 일이 주기적으로 일어나거나 원치 않는다는 어감이 강할 경우 '又'로 나타낼 수 있다. 예: "明天又要考试!"(내일이 또 시험이네)

반복을 나타내는 부사

짜이 再 zài	요우 又 yòu	충 重 chóng	하이 还 hái
앞으로 중복할 동작	이미 중복된 동작	같은 동작의 중복	일정한 장면이나 문맥에서 중복
명령문, (의문문)	의문문 서술문	제약 없음	미래 의문문 서술문

짜이싼 再三 zàisān	충신 重新 chóngxīn	뤼츠 屢次 lǚcì
거듭	또 다시	누차

7) '一下(儿)'는 동작의 횟수와 시간을 나타내는 동량보어로서 부드러운 부탁의 의미를 포함하고 있다. 또 "한번 ~해보다" "좀 ~해보다" 등으로 해석할 수 있으며, 이 대신에 동사를 중첩하여 나타낼 수도 있다. 즉, '一下'는 '한번'이라는 뜻이기는 하지만 대부분 동사의 중복형(조금 ~해보다)과 가까운 뜻으로 쓰인다. 예: 我介绍一下儿。我介绍介绍。(내가 소개해 드리겠습니다)

이쌰(얼) 一下(儿) yīxià(r)

동작의 횟수/시간	"부드러운 부탁"의 의미	"가벼운 시도"의 의미
한 번 / 조금 (짧음)	좀~하세요	한번...해보다. 좀...해보다

8)

즈다오 知道 zhīdao	런스 认识 rènshi		
사람·사물·장소(길)·사건에 대한 정보나 지식을 가지고 있다	서로 인사해서 어떤 사람을 알고 있다	어떤 사람의 얼굴을 알고 있다	장소(길)나 사물에 대해 알다

9)

랴오지에 了解 liǎojiě	리지에 理解 lǐjiě
자세하게 잘 알다, 이해하다	
어떤 상황에 대하여 자세히 알다(구어) 알아보다, 조사하다 dǎtīng(打听)	사람의 심경이나 도리·이치 등을 이해하다(서면어) 양해하다 yuánliàng(原谅)

10) 구조조사 '的'는 관형어와 중심어를 연결하여 소유·소속 관계를 나타낸다. "~의" "~의 것"이라는 뜻이다. 그러나 [인칭대명사와 가족이나 소속관계를 나타내는 말]의 경우에는 '的'를 붙일 필요가 없다. (예: 我父母, 我们公司) 또한 [재료·성질·직업을 나타내는 명사, 고유명사][한 단어처럼 결합되어 쓰이는 형용사] [단음절 형용사] 등에도 '的'를 붙일 필요가 없다. 한 글자로 구성되지 않은 형용사와 명사 사이에는 반드시 '的'을 넣어야 한다.

더 的 de

수식·종속·소유 (~의)	'的'의 생략, 친족·소속·단체
wǒ de shū(书)	wǒ māma(妈妈)

11) '一'의 성조 변화: '一'는 단독으로 혹은 서수(序数)로 쓰일 때는 1성으로 발음한다. 뒤에 1, 2, 3성이 올 때는 4성으로 발음하고 뒤에 4성(혹은 4성이 변해서 된 경성자)이 올 때는 2성으로 발음한다. 예: 一下(2성+4성) '一'는 동사를 중첩한 사이에서는 경성으로 발음한다. 예: 看一看(4성+경성+4성) 4성의 성조 변화: 4성과 4성이 만나면 앞의 4성은 반4성으로 발음한다. 예: 顺便(반4성+4성)

12) 3성의 성조 변화: 3성과 3성이 만나면 앞의 3성은 2성으로 발음한다. 예: 只好(2성+3성) 3성이 3개 연달아 오면 마지막만 3성으로 발음한다. 3성 뒤에 3성 외의 성조(1성, 2성, 4성, 경성)가 오면 반3성으로 발음한다. 반3성이란 제3성의 절반, 즉 앞쪽의 내려가는 부분까지만 발음하는 것을 의미한다. 예:

好人(반3성+2성) 2성의 성조 변화: 2성과 2성이 만나면 뒤의 2성은 더 높아진다. 예: 原来(2성´+2성´) '不'의 성조 변화: 1, 2, 3성 앞에서는 원래대로 4성으로 발음한다. 4성 앞에서는 2성으로 발음한다. 단어 중간에 놓일 때는 경성으로 발음한다. 예: 不去(2성+4성), 对不起(4성+경성+3성)

13)　　　　　　　　　　이중부정 : 매우 강한 긍정

不能不	不会不	不得不
~하지 않을 수 없다	~하지 않을 수 없다	~하지 않으면 안 된다
不能不想你。	不会不知道。	不得不告诉他。

14) '要'는 '想과 같은 의미(want)이나 '想'보다 적극성을 띠어 바람이나 의지가 더 강하다. 주로 이미 결정된 구체적인 계획이 있는 일에 쓰인다. 두 가지를 합쳐 '想要'로 쓰기도 한다. 긍정문에서 '要'를 '想'과 바꾸어 쓸 수 있으나 부정형은 '不想'이다. 예: 我不想缺课(나는 결강하고 싶지 않습니다) 객관적 요구를 나타내기도 하는데 이때의 부정형은 '不用'이다. '要'가 "~해야 한다" "마땅히~해야 한다"는 '당위성'을 나타낼 때에 부정형은 '不要'이다.

야오(要)yào의 부정형

不想　　/　　不用	不要
(주관적 의지)　/　(객관적 필요)	(당위성)

15) 동일한 하나의 주어에 두 개(이상)의 동사 또는 동사구가 연용되어 하나의 주어를 공유하는 동사 술어문을 연동문(连动文)이라 한다. 두 개의 동사는 전후 연속적으로 발생하는 관계일 수 있으며, 또한 뒤의 동사(구)가 앞 동사(구)의 목적을 나타내거나 앞의 동사(구)가 뒤의 동사(구)의 방식을 나타내기도 한다. (동작의 선후, 동작의 목적, 동작의 수단 및 방법) 연동문에서 '不' '都' '也' 등의 부사는 일반적으로 첫 번째 동사 앞에 오고 완료를 나타내는 '了'는 맨 뒤의 동사에 둔다. 앞의 동사가 '有'인 경우 뒤에 오는 동사(구)는 '有'의 목적어를 보충 설명하는 역할을 한다. 예: 我有钱买这本书.(나는 이 책을 살 돈이 있다) 연동문에서 첫 번째 동사로 자주 쓰이는 것은 '去' '来' '用' '坐' '骑' '到' '有' 등이다. 부정형은 첫 번째 동사 앞에 부정사를 붙인다. 첫 번째 동사가 '去' '来'일 때 정반의문문 형식 "去不去" "来不来"를 취하고, 다른 연동문의 정반의문문 형식은 '是不是'를 쓴다.

연동문

두 동사(구)는 순서가 바뀔 수 없다	두 동사(구)는 병렬관계가 아니라 설명하고 설명을 받는 관계이다	문장 전후의 의미가 밀접하게 연결되어 있어 문장 중간에 쉴 수 없다

16)

mǎshàng 马上 (就)	<	likè 立刻 (了)	<	dùnshí 顿时 (了)
(긴박감)				서면어, 이미 일어난 일

17) 전치사(개사)는 명사나 대명사 앞에 붙어서 동작이나 행위의 공간, 시간, 대상, 방식, 목적, 원인 등의 관계를 나타낸다.

공간	시간	대상
在 于 从 自 往 朝 向 到 离 …	从 自从 到 在 当 于 …	对 对于 关于 同 跟 和 给 …

18) 시간 장소의 출발점을 나타내며 '起'와 함께 쓰이는 경우가 많다. "从~到~"의 형태로 시간장소의 범위를 나타낸다.

충 从 cóng	따 打 dǎ	리 离 lí	쯔충 自从 zìcóng
你是从韩国来的吗?	你是打韩国来的吗?	车站离学校远不远?	自从那时,我的生活好多了。

自	自从
시간 장소 범위의 기점 과거 현재 미래 시간의 기점 일부분의 동사 뒤에 쓰인다 他来自韩国。	시간의 기점 과거 시간의 기점 (= 自打 从打 由打) 自从去年以来, 他一直没有来信。

19)

		장소		
	충 从 cóng	짜이 在 zài	썅 向 xiàng	따오 到 dào
	행동의 기점	행동의 장소	동작의 방향	행동의 도착지

20)

正 + 조동사(要) / 전치사(从)	(부사) + 在 + 동사
시간에 중점을 둔다	상태에 중점을 준다

21) '的'는 관형어(한정어)를 구성하는 것과 '的'자구를 구성하는 두 가지가 있다. 여기서는 관형어를 구성하는 것을 설명한다. 단음절형용사가 관형어일 때 보통 '的'를 쓰지 않고, 쌍음절형용사가 관형어일 때 보통 써야하지만 생략될 수 있으며, 형용사성 단어결합 뒤에는 반드시 써야 한다. 수사가 관형어일 때 '的'를 써야 하지만 수량 단어결합 뒤에는 보통 쓰지 않는다. 소유관계를 나타내는 명사 혹은 시간사·처소사 등이 관형어일 때 뒤에 보통 '的'를 써야 한다. 대명사가 관형어로 쓰여 소유관계를 나타낼 때

뒤에 '的'를 써야 한다. 만약 중심어가 친척 혹은 소속 부서·기관일 때에는 쓰지 않아도 된다. 동사나 동사성 단어결합, 주어·술어·단어결합 등이 관형어일 때 '的'를 써야 한다. 또한 소유관계를 나타낼 때는 '的' 뒤의 소유물(중심어)을 생략할 수 있다.(확실히 가리키지 않아도 다른 사람이 분명히 알고 있어서 뜻을 이해하는 데 지장이 없는 경우)

'的'를 쓰는 경우	'的'를 쓰지 않는 경우	'的'를 쓸 수도 있고 생략도 가능한 경우
你的信　重要的事	好朋友　一个人	我们(的)班　不少(的)人

22) 단음절형용사가 부사어(상황어)일 때 '地'를 쓰지 않는다. 쌍음절형용사는 대부분 '地'를 쓰는데 생략되는 경우도 있다. 형용사성 단어결합이 부사어로 쓰일 때 '地'를 써야 한다. 중첩된 형용사 뒤에는 '地'를 쓰지 않을 수 있다. '地'를 쓸 경우에는 부사어의 묘사성이 강조된다. 부사가 부사어일 때 대체로 '地'를 쓰지 않는다. 이밖에 시간사, 방위사 처소사, 전치사목적어·단어결합 등이 부사어가 될 때도 '地'를 쓰지 않는다.

'地'를 쓰는 경우	'地'를 쓰지 않는 경우	'地'를 쓸 수도 있고 생략도 가능한 경우
大家注意地听着。	这次考试终于成功了。	他慢慢儿(地)过来了。

다음자(多音字) 地	
더 de	띠 dì
他慢慢儿地过来了。	你住在什么地方。

23)
다음자(多音字) 得		
더 de	더 dé 얻다	데이 děi …해야만 한다
他说得很好。	我得了感冒。	你得用功念书。

24)
Nǐ kàn 你看~	Wǒ kàn 我看~
상대방의 의견을 구할 때	자신의 의견을 표현할 때

25)

단순방위사와 복합방위사

단순방위사	복합방위사				
	비엔 ~边	미엔 ~面	이 以~	즈 之~	기타
쌍 上	上边	上面	以上	之上	上下
쌰 下	下边	下面	以下	之下	低下
치엔 前	前边	前面	以前	之前	前后
호우 后	后边	后面	以后	之后	-
주오 左	左边	左面	-	-	-
요우 右	右边	右面	-	-	-
리 里	里边	里面	-	-	-
와이 外	外边	外面	以外	-	-
기 타	中间 旁边 对面 …				

방위사는 명사의 일종으로 주어 목적어 관형어 등의 문장 성분이 될 수 있다. 관형어로 쓰일 때는 보통 '的'을 써서 중심어와 연결시킨다. 예: 对面的房间。(맞은 편 방) 대다수의 방위사는 '最'의 수식을 받을 수 있고 일부의 방위사는 '极' '很'의 수식을 받을 수 있다. 예: 最上面(가장 위) 极左(극좌) 很右(우경)

26) 대부분의 동사는 명사와 대명사를 목적어로 가지지만 '打算'은 동사나 형용사, 동사구를 목적어로 갖는다.

동사(일부)	목적어
打算 希望 开始 感觉 进行 认为 以为 知道 主张 加以 등	동사나 형용사, 동사구, 문장

　　　　+

27) 다싼 打算 dǎshuan

(조동사)(동사)	(명사)
~하려고 하다, 계획하다	(행동의 방향 방법에 관한) 생각, 계획

28)

건 跟 gēn	허 和 hé	통 同 tóng	위 与 yú
구어 주로 접속사 때로는 전치사	구어 접속사 때로는 전치사	서면어 주로 전치사 때로는 접속사	서면어 책명이나 글 제목 (전치사)

29) '是' '像' '在' 등의 판단·존재를 나타내는 동사는 보통 '不'로만 부정한다. 또한 '想' '知道' '了解' '爱' '喜欢' '认识' '希望' 등의 사고·지각·감정·심리 등을 나타내는 동사도 보통 '不'로만 부정한다.

30) 어기조사란 문장 끝에 붙는 조사로서 감탄·놀람·혼인·실망 등 화자의 어감을 더욱 강하게 나타내준다.

어기조사 러(了)le

인식·의견·주장에 변화가 있음을 나타낸다	어떤 상황이 이미 출현했거나 앞으로 출현할 것임을 나타낸다

31) 가오덩쨔오위 **高等教育** gāoděngjiàoyù

yánjiūshēngyuàn 研究生院	dàxué 大学	xuéyuàn 学院	gāoděngzhuānkèxuéxiào 高等专科学校
대학원	대학	단과대학	고등전문대학

三. 我希望你帮助他。

• A 기본회화 1 B •

A. 워 시왕 니 껑 융궁 / 쉬에 더 껑 하오
Wǒ xīwàng nǐ gèng yònggōng / xué de gèng hǎo
我希望你更用功，学得更好。
(나는 네가 더 열심히 공부하고 더 잘 배우기를 바란다)

B. 씨에시에 / 니 더 미엔리   Xièxie / nǐ de miǎnli
谢谢! 你的勉励!1) (격려해주셔서 감사합니다)

xīwàng 希望	děi 得	qǐng ba 请~吧	zuìhǎo 最好	yīnggāi 应该	yào 要	fēi bùkě 非~不可
바라다	해야 한다	~하세요	제일 좋다	해야 한다	해야 한다	(강조)

필요성·의무·권고 등

1. 나는 당신이 그를 도와주기를 바랍니다.

Wǒ xīwàng nǐ bāngzhù tā
我希望你帮助他。2)

시왕 希望 xīwàng	판왕 盼望 pànwàng
실현될 수 있는 것과 실현될 수 없는 것, 어느 것에도 쓸 수 있다	실현되기를 바라는 것에 대한 기대를 나타낸다

방쭈 帮助 bāngzhù 3)	방망 帮忙 bāngmáng
我需要你的帮助。 나는 너의 도움이 필요해. 你可以帮助我吗? 너는 나를 도울 수 있니?	有什么需要帮忙的吗? 도와줄 일이 있나요?

2. 우리들은 적절한 가격으로 이 물건을 사들일 수 있기를 희망한다.

Wǒmen xīwàng néng yǐ yōuhuì de jiàgé mǎijìn zhè pī huò
我们希望能以优惠的价格买进这批货。

~에 따라

이 以 yǐ	핑 凭 píng	카오 靠 kào	이 依 yī
근거, 방식	근거, 증거, 능력	(의지하는)사람, 사물	판단, 순서

집체양사 4)

피 批 pī	췬 群 qún
일군, 일단, 한 무더기 - 사람·물건	무리, 떼 - 사람·동물

(차례·순서의 의미)

3. 이 일은 네가 가야만 된다.

Zhè jiàn shì děi nǐ zìjǐ qù cái xíng
这件事得你自己去才行。5)

데이 得 děi	잉가이 应该 yīnggāi	가이 该 gāi
실제상·의무상으로 "~해야 한다"는 의미	어떤 도리로서 "마땅히(당연히) ~해야 한다"는 의미	실제상·상황상·도리상으로 "~해야 한다"는 의미 주로 구어체에 쓰인다

쯔지 自己 zǐjǐ	번런 本人 běnrén
'바로 그 사람'이라는 의미를 강조	
단독으로 쓰일 수 있다 사람을 나타내는 명사 또는 기타 인칭대명사와 함께 쓸 수 있다	'自己'와 비슷하다 특히 구체적인 사람을 강조하여 나타낼 수 있다

4. 중국어 학습은 당신들이 말할 수 있고 들을 수 있고 쓸 수 있도록 해야 한다.

Xuéxí Hànyǔ / nǐmen yīnggāi huì shuō / huì tīng / huì xiě
学习汉语,6) 你们应该会说, 会听, 会写。

$$应该7) > 得(děi)8) > 要$$

잉가이 应该 yīnggāi	잉당 应当 yīngdāng
본분이기 때문에 그래야 한다	이치적으로 그래야 한다

5. 어머니께서 편찮으시니 너는 돌아가서 어머니를 돌보아야 한다.

Māma bìng le / nǐ bìxū huíqù zhàogu tā
妈妈病了,9) 你必须回去照顾她。

삐쉬 必须 bìxū10)	잉당 应当 / 잉가이 应该
(부사) 일반적으로 융통성이나 변경을 요구하지 않으며 "꼭 ~여야 한다"는 뜻을 나타낸다 공식적인 글, 단체의 결의, 국가 법령 등에 많이 쓴다	(능원동사) 이치나 도리상 그렇게 할 것을 요구하며 "마땅히 ~여야 한다"는 뜻을 나타낸다 흔히 타이르거나 권고할 때 쓴다

三. 我希望你帮助他。

짜오구 照顾 zhàogu	관짜오 关照 guānzhào[11]
돌보다, 보살펴 주다, 배려하다	(상대방에 관심을 가지고) 돌보다

6. 우리 아침에 공원에서 달립시다.

Wǒmen zǎoshang zài gōngyuán pǎo ba

我们早上在公园跑吧![12]

어순의 변화[13]

주어	언제	어디서/어디로부터/어디로/어디까지 在/从/向/到	술어
	시간	장소	(행위·행동)

↳

언제	주어
早上	我们

바 吧 ba[14]

명령	요구	권유	추측
你快走吧。	帮我一个忙吧。	请多多吃吧。	大概已经走了吧。
빨리 가세요.	나를 좀 도와주세요.	많이 드세요.	그는 이미 갔겠지요.

7. 당신은 방과(放課) 후에 다시 한 번 들리시오.

Nǐ xià le kè zài lái yī cì ba

你下了课再来一次吧!

동사1 + 了 + ~동사2…

두 가지 동작 간의 관계를 나타낸다[15]

러 了 le[16]

공존 : 동태조사 + 어기조사	동태조사 (흔히) 생략
책을 보았읍니다. 我看了书了。	책을 보았습니다. 我看书了。
부정은 "没(有)+동사" 이며 '了'를 쓸 수 없다 我没有看书。	
정반의문문은 동사-没(有)+동사 혹은 "동사+了+没有?"의 형식이다 你看没看书? 你看了书没有?	

동태조사 러(了) 동작의 완성[17]	어기조사 러(了) 사건의 발생
동사의 끝에서 동작이 이미 완성되었거나 반드시 완성되는 것을 강조한다 술어 동사 바로 뒤에 붙는다[18] 동작·행위의 실행, 완료 '不'와 결합하지 않는다	문장 끝에서 어떤 사건이나 정황이 이미 발생한 것을 강조한다[19] 문장의 끝, 또는 문장 중 쉬는 부분 말하는 사람의 심정 '不'와 결합할 수 있다

8. 다른 제품과 비교해보고 결정하세요.

Bǐjiào qítā shàngpǐn / ránhòu juédìng ba

比较其他商品, 然后决定吧!

란호우 然后 ránhòu	호우라이 后来 hòulái
동작이나 상황이 발생한 다음임을 강조 (동작 발생의 선후를 강조) 과거와 미래에 모두 쓸 수 있다.	과거의 어떤 시간 이후의 시간을 가리킨다 (시간의 선후 순서를 강조) 과거에만 쓸 수 있다.

三. 我希望你帮助他。

9. 그러면 우리 함께 중국어를 연습해 보자.

Nà(me) / Wǒmen yīqǐ liànxí Hànyǔ ba
那(么)[20], 我们一起练习汉语吧!

이치 一起 yīqǐ[21]	후샹 互相 hùxiāng	친쯔 亲自 qīnzì
함께	서로	몸소

기본구조

汉语 练习 我们。(×)
练习 我们 汉语。(×)
我们 练习 汉语。(○)
 S   V   O

10. 당신은 오늘 바로 이 기계를 모두 수리해 놓는 것이 좋습니다.

Zuìhǎo nǐ jīntiān jiù bǎ jīqì dōu xiūlǐ hǎo
最好你今天就把机器都修理好。

最好 > 还是(~好了) > 可以
 △
(가장 바람직한 선택)

> • A 기본회화 2 3 •
>
> A. 니먼 빤쓰 전머 넝 쩌양   Nǐmen bànshì zěnme néng zhèyàng
>   你们办事怎么能这样！(일 처리를 어찌 이렇게 할 수 있나요)
> B. 쯔위 쩌양 쭈오 하오 부 하오 / 칭 따쟈 짜이 카오뤼 이쌰
>   Zhìyú zhèyàng zuò hǎo bu hǎo / qǐng dàjiā zài kǎolǜ yīxià
>   至于这样做好不好,22) 请大家再考虑一下。
>   (이렇게 하는 것이 좋은지에 대해서는 모두 다 다시 한 번 생각해 봅시다)

11. 내일 당신 좀 일찍 오시오.

    Míngtiān qǐng nǐ zǎo diǎnr lái
    明天请你早点儿来。

칭 请 qǐng		
남에게 부탁을 하거나 권할 때 어기를 완화하거나 완곡한 표현을 쓴다	일반적으로 문장 맨 앞에 '请'을 붙인다	단독으로 쓰이기도 하고 목적어를 갖기도 한다
~주세요, ~하십시오		
早/晚＋(一)点儿＋동사	多/少＋동사＋(一点儿…)	동사＋得＋형용사＋一点儿
早(一)点儿	多吃(一)点儿	说得慢一点儿

zǎo	wǎn	kuài	màn	duō	shǎo	dà	xiǎo
早	晚	快	慢	多	少	大	小
이르다	늦다	빠르다	느리다	많다	적다	크다	작다

三. 我希望你帮助他。

12. 이름과 예약번호를 말씀해 주세요.

Qǐng nǐ gàosu wǒ nín de xìngmíng hé yùdìng hàomǎ
请你告诉我您的姓名和预定号码。23)

gàosu 告诉	tōngzhī 通知	bàogào 报告	zhuǎngào 转告
사람(에게)	사람(에게)	사람(에게)	사람(에게)
사물(을)	사물(을)	사물(을)	사물(을)
알리다, 가르쳐주다	연락하다, 통지하다	보고하다	전해주다

13. 우리들에게 귀 회사의 생산품을 좀 보여주시지요.

Ràng wǒmen kànkan guì gōngsī de chǎnpǐn
让我们看看贵公司的产品。

동사의 중첩26)

가볍고 자유스런 어기를 나타낸다
동작의 시간이 짧거나 어떤 동작을
시험 삼아 해본다는 의미

'좀 ~해보다'

AA	A—A	ABAB
想想	看一看	介绍介绍

"동사 + 목적어" 구조인 경우24)

AA + □　　AA + ○◇
见见面　　开开玩笑

"A(B)来A(B)去" 구조인 경우25)
想来想去　　讨论来讨论去

58　도표로 이해하는 중국어 기본구문

14. 최선을 다해라.

Nǐ yīdìng yào quán lì yǐ fù a
你一定要全力以赴啊。27)

[실제적 필요]		[기원・희망]
야오 要 yào28)	야오 要 yào	위엔이 愿意 yuànyi
~해야 한다 (~하지 않으면 안 된다) ~할 필요가 있다	~하고 싶다	~하고 싶다 ~원하다 (~즐기다)

아 啊 a	바 吧 ba
찬탄 의문 긍정 분석 재촉 등의 어기	의문 의논 청구 명령 동의 허락 추측 등의 어기

啊29)
(아, 앗, 아이고, 어, 그래)

ā 1성	á 2성	ǎ 3성	à 4성
경이로움, 감탄	뭐라고' 추궁하는 듯한 어조	놀람+의심스러움 (의외일 때)	응락, 허락, "이제야 알겠다" 경이+찬탄

15. 여기는 위험하니 부디 조심해라.

Zhèlǐ hěn wēixiǎn / qiānwàn yào xiǎoxīn
这里很危险, 千万要小心。

A는 ~다	A는 ~않다
A + 헌(很)30) + 형용사	A + 뿌(不) + 형용사

三. 我希望你帮助他。

완이 万一 wànyī	완완 万万 wànwàn	치엔완 千万 qiānwàn
가능성이 매우 작은 가정을 표현할 수 있다 화자 본인에게 일어나지 않기를 원하는 일에 쓰인다	(부사) 결코 부정사(不, 没有) 앞 비교적 강한 어기 (수사) 억	(부사) 절대로, 꼭, 부디 명령문, 부정문 긍정문[강조] (수사) 천만

16. 나는 친구에게 편지를 쓰고 있는 중이니 방해하지 마시오.

Wǒ zhèngzài gěi péngyou xiě xìn / qǐng búyào dǎrǎo
我正在给朋友写信, 请不要打扰。

부야오 不要 búyào	부용 不用 búyòng / 부삐 不必 búbì
금지(~하지 말라) 你不要只看到缺点。	권고(~할 필요가 없다) 你不用那么焦急。

동작의 진행31)

쩡짜이 正在 zhèngzài	짜이 在 zài	너 呢 ne
'一直' '总是' '每天' '永远' 등이나 지속적 일상적인 의미와 함께 쓰지 않는다	동작 진행의 과정이 비교적 길거나 지속적이고 일상적일 때 자주 쓰인다	듣는 사람의 주의를 제기하는 듯한 어기를 띤다

게이 给 gěi

동사	전치사	결과보어	전치사
주다, 받다	~위하여, ~에게	동사 뒤	피동문에서 실행자를 이끈다

17. 괜히 애를 쓰지 마세요.

Bié bǎi fèijìn le
别白费劲了。32)

바이 白 bái33)	
헛되이 今天我白去了。	거저, 무료로 这种东西白给也没人要。

프에이 찐 费劲 fèijìn	프데이신 费心 fèixīn
힘을 들이다, 다 쓰다	마음을 쓰다, 신경을 쓰다

18. 한 가지 언어를 마스터하려면 노력하지 않으면 안 된다. (반드시 노력해야 한다)

Yào xuéhǎo yī zhǒng yǔyán / fēi xià gōngfu bùkě
要学好一种语言,非下功夫不可。

fēi 非 ～ bùkě 不可34)		
～하지 않으면 안 된다 '也许' '可能' 보다 어감이 강하다		

非	하고자 하는 일 일어나려고 하는 일 ↓	不可
非得/非要		不行/不成
	강조	

三. 我希望你帮助他。

● 제3과 주해

1)

미엔리 勉励 miǎnlì	구리 鼓励 gǔlì	쟝리 奖励 jiǎnglì
면려하다, 격려하다	격려하다, 고무하다	장려하다

2) '希望'은 술어의 성격을 가진 것을 목적어로 가져올 수 있는 동사이며 술어의 성격을 띤 목적어는 주로 주술구조이다.

주술구가 목적어로 쓰이는 문장

술어동사로 '希望' '知道' '所见' '认为' '发现' 등 즉, 감각과 심리활동 동사가 주로 쓰인다	술어동사 뒤에 있는 대상이 사람과 사물 뿐 아니라 동작의 상하관계 등과도 관련이 있다	술어동사와 목적어(주술구로 된 것)의 사이에 쉴 수도 있으며 부사어를 둘 수도 있다
↳ 동사＋술어성(목적어)	동사＋술어성 / 동사＋명사성	
希望 主张 认为 觉得 感到 등	知道 看见 所见 听见 爱 怕 需要 欢迎 考虑 讨论 注意 开始 등	

3)

방쭈 帮助 bāngzhù	짠쭈 赞助 zànzhù	위엔쭈 援助 yuánzhù
도와주다	찬조하다	원조하다

4)

양사의 종류

개체	집체	용기	도량형	부정량
个 本 张 件 …	双 套 批 群 …	杯 瓶 袋 …	公斤 公里 米 …	点儿 些 …

5)

[你]自己[]去

주어	혼자/~와/~와 함께 自己/跟~/跟~一块儿(一起) (행위 행동의 방식)	술어 (행위 행동)

6) Yào xué Hànyǔ 要学汉语

> yīnggāi 应该
> duōtīngduōshuōduōxiěduōniàn
> 多听多说多写多念

7) (마땅히) ~해야 한다

yīng	yīnggāi	yīngdāng	gāi
应	(也) + 应该 / 应当	(又/也) + 该	
(서면어)	(서면어)(구어)	(구어)	

8) 객관적인 필요를 나타내며 '要'보다 더 강한 어기를 띤다. 부정형은 '不用'이다.

데이 得 děi

걸리다, 필요하다	(마땅히) ~ 해야 한다	~임에 틀림없다

9) 청웨이 称谓 chēngwèi 호칭(가족)

yéye	nǎinai	bàba	māma	gēge	jiějie	dìdi	mèimei
爷爷	奶奶	爸爸	妈妈	哥哥	姐姐	弟弟	妹妹
할아버지	할머니	아버지	어머니	형, 오빠	언니, 누나	남동생	여동생

10)

bìdìng 必定	bìxū 必须	bìyào 必要	bìxū 必需	xūyào 需要
반드시 그렇게 될 것이다	반드시 ~해야 한다	반드시 ~해야 한다	반드시 ~이 필요하다	~이 필요하다

11)

관화이 关怀 guānhuái	아이후 爱护 àihù	아이따이 爱戴 àidài
(사람) 배려하다	(사람·사물) 아끼다	(사람) 추대하다

12)

zǎoshang	zǎochén	qīngzǎo	qīngchén	língchén	wǎnshang	bàngwǎn	shēnyè	shēngēng bànyè
早上	早晨	清早	清晨	凌晨	晚上	傍晚	深夜	深更半夜
아침		아침보다 좀 이른 시간(새벽)		이른 새벽	저녁	초저녁	깊은 밤	

三. 我希望你帮助他.

13) 행위 행동의 시간을 틀리지 않도록 듣는 사람에게 유념시키려고 할 때는 흔히 어순을 바꾸어 쓴다.

14) 어기조사 '바'(吧)는 명령문 또는 의문문의 끝에 놓여 "제의, 가벼운 명령, 동의, 추측" 등의 어감을 나타낸다. "~합시다"(확인·건의·승낙)

바 吧 ba

요청·권고·명령·상의·동의	긍정적이지 않은 어기	'동의'의 뜻
[명령문]	[의문문]	'好' '行' '可以' 등의 뒤

15) 이 구문은 동사1이 완성된 이후에 비로소 동사2가 시작된다는 의미를 나타낸다. 동사의 동작과 행위는 과거·현재·미래 혹은 자주 발생하는 것일 수 있다.

어떤 상황의 발생	일어날 동작	인식·생각·상황의 변화
我吃饭了。	동사1+了+동사2	我明白了。

러(了)le의 위치

下课了	下了课~	下了一节课
목적어가 간단할 때, 강조할 필요가 없을 때 목적어 뒤에 둔다	목적어가 간단하지만 문장이 끝나지 않고 뒤에 말이 더 있다면 목적어 앞에 둔다	목적어가 좀 복잡할 때, 목적어 앞에 수량사가 있거나 목적어를 강조할 필요가 있을 때 목적어의 앞에 둔다

16) 어떤 동사에 동태조사 '了'가 쓰이면 그것은 말하는 의도와 관계가 있다. 즉 어떤 행위가 이미 완성 혹은 실현되었다는 것을 말하려 한다면 바로 '了'를 쓸 수 있다. 한 문장 안에서 동태조사 '了'가 어기조사 '了'와 공존했을 때나 동태조사 '了'가 생략되는 때도 그 뜻은 변하지 않는다. 방향보어를 갖는 문장에서 동태조사 '了'의 위치는 다음과 같다. "他带来了一本书。" 혹은 "他带了一本书来。"이다.

17) "동작의 완성"이란 행위가 실현되거나 완성되는 것을 나타내며 동작의 발생시간(과거·현재·미래)과는 무관하다. 동사+'了' 뒤에 목적어가 있으면 대개 수량사 혹은 한정어가 함께 쓰여야 완전한 문장을 이룰 수 있다. 예: 我买了一本书。你买了什么东西。하나의 동작이 끝나고 다른 동작이 이어지는 경우 앞 동사에만 동태조사 '了'를 쓰고 뒷 동사에는 쓰지 않는다.

동작·행위의 4단계

시작 전	시작	진행	완료
要+술어-了	+술어+起来了	+술어+着呢	+술어+了
잠시 후에 ~하다	~하기 시작했다	~하고 있다	~했다

↑

동작의 지속	동작결과의 지속
他做着作业呢。	他还坐着呢。
그는 숙제를 하고 있다.	그는 아직도 앉은 채로 입니다.

18)　　　　　　　　동태조사 '了'를 붙일 수 없는 경우

단 시간 내에 실현될 수 없는 의미	동사적 성격이 강하지 않은 것	일상적이거나 습관적인 동작	구체적인 시간사가 있을 경우	동사 앞에 조동사가 있을 경우
爱 羡慕 想念 反对 등	是 在 姓 像 등	经常, 常常, 每+동사	-	-

19) 부정형은 동사 앞에 '没有'를 넣고 문장 끝의 '了'를 빼버리는 것이다. 정반의문문은 문장 끝에 "~了没有'를 붙이거나 동사의 긍정형과 부정형을 함께 나열하는 '~没~'의 형식을 취한다. 다른 하나의 용법은 "상황의 변화" 혹은 "새로운 상황의 출현"을 나타내는 것이다.

상황의 변화	새로운 상황의 출현
这个月我不忙了。	现在他有工作了。
이전에 매우 바빴다.	이전에 일이 없었다.

자연현상

자연현상의 발생	자연현상발생이 화제일 때	자연현상의 그침
술어+자연현상	자연현상+술어	자연현상+술어
下雨了。	雨下了。	雨停了。
비가 내린다. (갑자기 내린 비)	비가 내렸다. (기다리고 있던 비)	비가 그쳤다.

20) '那'는 보통 지시대명사로 쓰이지만 여기서는 접속사로 '그러면' 또는 '그렇다면'의 뜻으로 쓰였다. '那'와 같은 뜻으로 '那么'가 있는데 둘 다 일상 회화에서 자주 쓰인다. 예: "那没有问题。"(그럼 좋습니다)라는 뜻이다.

21)

	함께	
이콰얼 一块儿 yīkuàir	이치 一起 yīqǐ	이통 一同 yītóng
(구어)		(서면어)

22)

쯔위 至于 zhìyú	뚜이위 对于 duìyú	관위 关于 guānyú
~으로 말하면 화제를 이끌어낸다 항상 주어 앞에 쓰인다	~에 대하여 대상을 명확히 한다 주어의 앞뒤에 쓰인다	~에 관하여 관련된 범위 내용을 규정한다 제목으로 쓰인다 주어의 앞에만 쓰이고 관형어가 될 수 있다

23) '您'은 2인칭대명사 '你'를 높여 부르는 말이다. 일반적으로 나이가 많거나 지위가 높은 사람에게 쓴다. 또한 정중함을 나타내기 위해 동년배나 처음 만난 사람에게도 쓴다.

24) "동사+목적어"(이합사) 구조를 중첩할 때는 그 중 동사만 중첩한다. 이때 의미는 일반동사와 마찬가지로 "가벼운 마음으로 ~해보다"이다.

25) 동작이 여러 차례 중복되거나 연속적임을 나타낸다. 예: 想来想去, 还是想不出什么问题来。(아무리 생각해봐도 좋은 수가 생각나지 않는다) 讨论来讨论去总算有了比较一致的结论。(토론하고 토론한 끝에 비교적 일치된 결론을 얻어냈다)

A 라이(来) A 취(去)
여러 번 A하다

26) 동사를 중첩해 시간이 짧음을 강조하거나 "가볍게 한번 해보다"는 의미로 쓴다. 동사 사이에 '一'를 써도 의미의 변화는 없으며 '동사+一下'의 형태로도 표현한다.

1. 동작의 짧음 2. 횟수의 적음 3. 가볍고 자연스러움

단음절동사의 예 AA A一A A了A A了一A A来A去					쌍음절동사의 예 ABAB AB了AB AB来AB去		
想想	想一想	想了想	想了一想	想来想去	研究研究	研究了研究	研究来研究去

27)   이띵 一定 yīding

1인칭	2인칭, 3인칭
태도가 매우 단호함	주관적 소망이나 희망에 대한 추측
一定 ＋ (要/能/会) ＋ 동사/형용사	

28) 명령문이거나 제2인칭을 쓸 때 '권고'를 나타낸다. 부정형 '不要'는 '금지'를 나타낸다.

29) '啊'는 바로 앞에 오는 음에 따라 다음과 같은 음의 변화를 일으킬 수 있다. ㅗ ao ou 뒤에서는 '와(wa)'라고 읽고 '哇'로 쓰며, an en 뒤에서는 '나'(na)로 읽고 '哪'로 쓰며, a o e i ü 뒤에서는 '야'(ya)로 읽고 '呀'로 쓴다. ng 뒤에서는 '아'(a)로 읽고 '啊'를 그대로 쓴다.

-n ＋ 啊	-u ＋ 啊	-i ＋ 啊
哪(na)	哇(wa)	呀(ya)

30) '很'은 본래 '매우''아주''대단히' 라는 의미를 지닌 부사이지만 "A＋很＋형용사"로 말을 마치는 경우에는 정도를 강하게 하는 작용이 불확실하다. 이 경우에 단순하게 비교로 '좋다'라고 말하는 것이 아님을 나타내는 기호로 간주된다. 술어부분에 형용사가 단독으로 올 경우에는 습관적으로 '很'을 붙이며, 이때 '很'에는 '매우' '몹시'의 뜻이 없다. 일반적으로 의문문과 부정문에는 '很'이 필요 없다. 형용사는 단독으로 술어가 될 수 없다. 형용사가 술어가 되려면 형용사 앞에 정도부사가 오거나 형용사를 중첩형으로 써야만 한다. 형용사만으로 술어가 되면 비교나 대조·대비의 느낌을 나타낸다. 예: 这个多, 这个少。(이것이 많고, 저것이 적습니다) 这个贵, 那个便宜。(이건 비싸고 저건 비쌉니다) 묘사성을 띤 문장에서 정도가 높음을 나타내지 않고 단지 음절을 조절하는 역할을 한다. 굳이 정도를 나타내려면 '非常'이나 '十分과 같은 정도부사를 쓴다. '很'은 '매우'라는 의미를 갖고 있지만 한국어 번역에서 흔히 생략된다. 왜냐하면 성질형용사는 사물의 성질만 나타내기 때문에 다만 문법적 필요에서 정도부사 '很'을 사용할 뿐 그 의미를 가지지 않는다. 중국어에서는 부사어가 없으면 문장이 완전한 느낌을 주지 않아 부사 '很'을 함께 쓴 것이다. 그러므로 문장에서 '很'을 써도 번역에서 생략된다. 이처럼 '很'이 본래의 의미가 아닐 때에는 가볍게 읽어준다.

성질형용사	'很'을 사용한 경우(상태)
这里危险。	这里很危险。
여기는 위험해요.(하지만 다른 곳은 …)	여기는 위험해요.
비교의 기분을 나타낸다	다만 속성 '危险'을 나타낸다

일반적으로 동사는 정도부사의 수식을 받지 않는다. 단, 사람의 심리·감정을 나타내는 동사는 예외적으로 정도부사의 수식을 받는다.

정도부사	+	감정을 나타내는 동사
太 很 非常 最 등		爱 喜欢 讨厌 感谢 相信 등

31) 동작의 진행(지속)을 나타낼 때 在/正在/正·着·呢가 반드시 모두 있어야 하는 것은 아니다.
[한창~하고 있는 중이다] [~한 채로 있다]

상태의 지속 시간과 상태의 지속 시간적 진행	在 (지금) 正在 지금 正 마침	동사	(着)	…	(呢)

진행태로 쓰일 수 없는 동사

감각 지각	판단 존재 소유	출현 소실	심리상태	방향
知道 认识 感觉 明白 感动 清楚	是 在 存在 叫 具有 属于 …	生 死 忘 开始 停止 掉 …	喜欢 愿意 可惜 怕 …	来 去 回 进 出 起 …

지속태로 쓰일 수 없는 동사

지속을 나타내지 못하는 것	자체에 지속의 의미가 있는 것	앞에 조동사를 수반한 것	'동사+보어'로 구성된 것
在 是 出 去 结束 消灭 …	知道 需要 认识 同意 像 …	能说 会写 想买 愿意去 …	说明 打败 推翻 …

32) '别'는 동사나 형용사 앞에서 완곡한 명령이나 금지(부정의 태도)를 나타낸다. 문장 끝에 '了'를 쓰면 충고의 의미가 되고 어투가 한층 부드러워진다.

别~了

别说了。 됐어요, 그만 말하시오.	别弄了。 하지 마시오.	别自作多情了。 다정다감한 척하지 마시오.

명령·금지

부야오 不要 bùyào	비에 别 bié	사오 少 shǎo
하지 말라	하지 말라	조금 ~해라

少说几句!(조금 말을 줄여라!)

33)

	(뉘앙스)	
바0 白 bái	<	바이바이 白白 báibái
		뒤에 이음절어, 뒤에 '地'를 쓸 수 있다

34)

	이중부정	
我们不能不去。	我们不去不行。	我们非去不可。
	우리들은 가야 한다.	

四. 天气这么冷, 快要下雪了。

> • A 기본회화 1 B •
>
> A. 밍티엔 후이 쌰쉬에 Míngtiān huì xiàxué
>   明天会下雪。(내일은 눈이 올거야)
> B. 쥐에뚜이 부후이 쩌양 Juéduì búhuì zhèyàng
>   绝对不会这样。(절대로 그럴 리가 없어)

yào(要)~le(了)	huì(会)~de(的)	gāi(该)~le(了)	kěnéng(可能)
곧 ~ 것 같다 곧 ~하려고 하다	~할 것이다 ~임에 틀림없다	필시 ~일 것이다	아마도 (~ 것이다)

1. 날씨가 이렇게 추우니 머지않아 눈이 내리겠다.

   Tiānqì zhème lěng / kuàiyào xiàxué le
   天气这么冷, 快要下雪了。1)

시간부사 ~ 어기조사
快要~了 / 快~了 / 就要~了
어떤 동작이나 상황이 곧 발생할 것임을 나타낸다
'快' 就는 미래를 표시하는 시간부사로 대체로 '要'와 함께 쓰이며
문장 끝에 흔히 어기조사 '了'를 붙인다
快(要)上课了。2)

---

2. 올해 시월에 우리는 바로 시험을 치르게 됩니다.

Jīnnián shíyuè wǒmen jiùyào kǎoshì le
今年十月我们就要考试了。

시간부사	
시간명사 + 快(要)~了	시간명사 + 就要~了 3)
×	○

3. 그는 곧 돌아올 것이니 조금만 기다려요.

Tā mǎshàng huì huílái de / qǐng děng yi huìr
他马上会回来的, 请等一会儿。 4)

후이 会 huì	넝 能 néng
주관적인 예측으로서 실현되기를 바라는 일이나 바라지 않는 일에 쓰인다	대부분 능력이나 조건이 되어서 어떤 일을 실현시킬 수 있는 경우에 쓰인다

děng yi huìr 等一会儿 > děng yi děng 等一等 > děng yi xià 等一下

시간의 차이 5)

4. 너무 걱정하지 마세요. 다 잘 될 거예요.

Yòng bu zháo dānxīn / dōu huì hǎo qǐlai de
用不着担心, 都会好起来的。

단신 担心 dānxīn	프에이신 费心 fèixīn	차오신 操心 cāoxīn
걱정하다	신경쓰다	애태우다

형용사 + 起来	동사 + 起来6)
적극적인 의미를 지닌 형용사 뒤	동작이 시작되어 계속 진행됨 동작의 완성이나 목적의 달성 '~할 때'의 의미

5. 독자는 앞으로 이 책이 재미있다고 느낄 것이다.

   Dúzhě jiāng huì gǎndào zhè běn shū yǒuqù de
   读者将会感到这本书有趣的。

   지시대명사 I 7)
   zhè (이것)   zhège (저것)
   nà (그것, 저것)   nàge (그것, 저것)

6. 너처럼 이렇게 마음이 좋은 사람은 반드시 좋은 보답이 있을 것이다.

   Xiàng nǐ zhèyàng hǎoxīn de rén / yīdìng huì yǒu hǎobào de
   像你这样好心的人, 一定会有好报的!

어기부사
이띵 一定 yīdìng8) < 컨띵 肯定 kěndìng9)
강한 확신

지시대명사 Ⅱ[10]

zhè zhèli zhèr zhème zhèyàng zhèmeyàng

nà nà nàr nàme nàyàng nàmeyàng

这样(那样)	这么(那么)
这样(那样)+동사 这样说 이렇게 말한다 (동작의 방식)	这么(那么)+동사/형용사 这么说 / 这么好 이렇게 말한다 이렇게 좋다 (동작의 방식) (정도)
这样(那样)+的+명사 这样的人 이런 사람	这么(那么)+的+명사 (×)
这样(那样)+수량사 (×)	这么(那么)+수량사 这么几个人 이렇게 몇 사람

7. 이러한 과거의 일을 생각하면 당신은 반드시 고통스런 가운데서도 위안을 느낄 것이다.

<small>Xiǎngdào zhèxiē guòqù de shì / nǐ yīdìng yě huì zài kǔtòng zhōng gǎndào ānwèi de ba</small>
想到这些过去的事, 你一定也会在苦痛中感到安慰的吧!

이에 也 yě[11]	도우 都 dōu
또한. 빈도를 나타내는 부사 주어 뒤, 술어 앞에 둔다	모두. 범위를 나타내는 부사 '都' 앞에 나온 모든 성분을 포함
두 가지가 동시에 쓰일 때에는 '也都'의 순서이다 예: 我们也都不去。我们也都很好。	

짜이 在 zài[12]

在~上	在~中	在~下	在~看来
방면 · 범위	범위나 동작의 진행 과정	전제조건	관점 · 태도

8. 친구가 있으면 장사와 일 처리 모두 편리한 점이 많겠다.

Yǒu le péngyou / zuò shēngyi bàn shìqíng dōu huì yǒu hěn duō fāngbiàn
有了朋友, 做生意、办事情都会有很多方便。

도우 都 dōu	gòng 共13) / yígòng 一共 / zǒnggòng 总共
모두 [총괄] (복수)	모두, 합쳐서 [총괄] 보통 뒤에 수량사가 온다

9. 시간이 늦었으니 그는 돌아갈 겁니다.

Shíjiān bù zǎo le / tā gāi huíqù le
时间不早了, 他该回去了。14)

스지엔 时间 shíjiān	스호우 时候 shíhou
시간, 동안, 때, 시각	
틈, 여가, 시간 = 空(儿)15) 一节课多长时间?	시점 现在什么时候了?

가이 该 gāi

(마땅히) ~해야 한다	(필시) ~일 것이다	(동사) ~의 차례다
= 应该, 应当 该~了	天一凉, 就该加衣服了。 날씨가 추워지면 옷을 껴입어야겠다.	这次该你了。 이번에는 당신 차례입니다.
여기서 어기조사 '了'는 문장 끝에 쓰여 상태의 변화와 그 확인을 나타낸다		

四. 天气这么冷, 快要下雪了。

10. 할 일이 없다면 우리의 생활이 얼마나 따분할까!

Yàoshi méiyǒu shì zuò / wǒmen de shēnghuó gāi duōme wúliǎo a
要是没有事做, 我们的生活该多么无聊啊!16)

要是 ~	+	该 多(么) … 啊/哇
~이라면		(어감을 강하게 하여) 얼마나 …인가

메이요우 没有 méiyǒu

没/没有 + 명사	没/没有 + 동사(형용사)
我没有话说。	他刚来韩国, 生活还没有习惯。
나는 할 말이 없다.	나는 막 한국에 와서 생활이 익숙치 않다.

• A 기본회화 2 B •

A. 쮜 티엔치 위빠오 수오 / 밍티엔 후이 쌰위
   Jù tiānqì yùbào shuō / míngtiān huì xiàyǔ
   据天气豫报说,17) 明天会下雨。
   (일기예보에 따르면 내일은 비가 온대요)

B. 워 칸 밍티엔 부후이 쌰위 / 니 칸 너
   Wǒ kàn míngtiān bùhuì xiàyǔ / nǐ kàn ne
   我看明天不会下雨, 你看呢?18)
   (내가 보기에는 비가 오지 않을 것 같은데, 너 보기에 어때)

C. 워 런웨이 밍티엔 후이 쌰위   Wǒ rènwéi míngtiān huì xiàyǔ
   我认为明天会下雨。19) (내일 비가 올 거예요)

11. 이 두 사람은 보기에 무슨 일이 있는 것 같다.

　　　　　　Zhè liǎng ge rén kànlai yǒu shénme shì
　　　　　这两个人看来有什么事。

동사	(추상적 의미)20)
看/说/听/想/算…	来/起来

12. 그의 나이는 좀 많은 것 같다.

　　　　　Tā de niánji kànqǐlai bǐjiào dà
　　　　他的年纪看起来比较大。21)

칸치라이 看起来 kànqǐlai	칸상취 看上去 kànshàgqu
주로 어떤 문제나 상황에 대한 견해를 이끌어 낼 때 쓰인다	어떤 사람을 관찰하고 판단을 내릴 때 쓰는 경우가 많다

비쨔오 比较 bǐjiào	요우디얼 有点儿 yǒudiǎnr
他的年纪看起来比较大。(○)	他的年纪看起来有点儿大。(×) (적극적 의미)22)
他的年纪看起来比较小。(○)	他的年纪看起来有点儿小。(○) (소극적 의미)

四. 天气这么冷, 快要下雪了。

13. 보아하니 그는 중국에서 왔습니다.

Kàn yàngzi tā shì cóng Zhōngguó lái de
看样子他是从中国来的。

칸치라이 看起来 kàn qǐ lai	칸양즈 看样子 kàn yàngzi
보아하니, 보기에 "~한 것 같지만 그렇지 않다" 라는 어감이 강하다	보아하니, ~인듯하다 ~외모로 살펴보니, 보아 짐작하건대 모습을 보고 추측 판단할 때 쓴다

14. 샤오 리의 편지를 받지 못했는데, 그는 아마 출국했을 것이다.

Méiyǒu shōudào Xiǎo Lǐ de láixìn / tā kěnéng chūguó le
没有收到小李的来信,他可能出国了。

후이 会 huì	커넝 可能 kěnéng23)
추측을 나타내지만 긍정적인 추측을 나타내지 못한다 미래의 추측만 나타낸다	"아마도~일 것이다" "~할 가능성이 있다" 과거와 미래의 추측도 나타낸다 일반적으로 아직 일어나지 않은 동작이나 가상의 상황에 쓰인다

15. 너는 내년에도 오겠지?

Nǐ míngnián yě lái ba
你明年也来吧?24)

dàqiánnián 大前年	qiánnián 前年	qùnián 去年	jīnnián 今年	míngnián 明年	hòunián 后年	dàhòunián 大后年
재재작년	재작년	작년	올해	내년	내후년	내내후년

제4과 주해

1) 시간적으로 가까워지거나, 어떤 상황이 곧 변화하려고 하거나 새로운 상황이 곧 발생하려고 하는 것을 나타낸다. 문미에 '了'가 쓰여 어기를 강화되며 '곧~하다'라는 의미로 쓰인다. 부정형은 "不会~"이다. '要' 앞에 '快'나 '就' 등을 함께 붙여 쓰면 "막 ~하려고 하다" "바로~하려고 하다"처럼(시간이 더욱 긴박함) 의미가 한층 더 강조된다.

2) 부사 '快'가 붙는 경우 흔히 '要'가 생략되어 "快~了"의 형태가 된다.

3) 구체적인 시간명사를 쓸 경우, "快(要)~了"는 쓸 수 없고 "就要~了"를 써야 한다. 예: 我们明年就要毕业了.

쟝야오 将要 jiāngyào >	콰이야오 快要 kuàiyào >	찌우야오 就要 jiùyào
(가까운) 미래	더 가까운 미래	더 긴박하고 가까운 미래
我们将要毕业.	我们快要毕业了.	我们就要毕业了.
서면어	시간사+快要(×)	시간사+就要(○)

4) 한 음절 뒤에 권설운모인 '儿'이 붙어 그 음절 중에 주요 모음 발음에 혀끝을 마는 듯한 음변 현상을 일으키는 것을 '儿化'라 한다. '儿化'된 운모는 본음이 변화되나 발음을 표기할 때는 변화된 발음이 아닌 본 음절 뒤에 'r'만 붙여 쓴다.

얼화 '儿化' (권설음화)

음의 변화가 없음	'-i'를 읽지 않음	'-n'을 읽지 않음
나얼 哪儿 nǎr	이후얼 一会儿 yīhuìr	요우디얼 有点儿 yǒudiǎnr

5) '等一会儿'은 '等一下'보다 약간 긴 시간을 나타내며 '等一等'은 양자의 중간이다.

짧은 시간	시간이 짧음을 강조		
一会儿	不一会儿	没一会儿	不多一会儿

6) "동사+起来"는 동작의 시작과 지속을 나타내며 시작을 강조한다

시작·지속·완료 등의 의미	동작이 낮은 곳에서 높은 곳으로	동작이 높은 곳에서 낮은 곳으로
起来	上来·上去	下来·下去

四. 天气这么冷,快要下雪了.

방향보어가 파생된 의미로 쓰이는 경우

来	上	下来	下去	起来
看来 说来 听来	关上 爱上 合上	摘下来 停下来 记下来	谈下去 生活下去 坚持下去	哭起来 想起来 说起来
~하기에	도달하는 것	계속 되는 것	결과가 정착하는 것	~하기 시작하다

7)

		단수	복수
이것	가까운 것	这 这个	这些 这些个
저것	먼 것	那 那个	那些 那些个

[些 약간, 조금, ~것들]

8) 이띵 一定 yīdìng

1인칭에 쓰일 때	2인칭 3인칭에 쓰일 때	一定□+동사/형용사
의지가 굳음을 나타낸다	요구가 절실하거나 어떤 일에 대한 추측에 매우 자신이 있음을 나타낸다	자주 조동사 '要' '能' '会' 등이 쓰인다

9)

컨띵 肯定 kěndìng	디취에 的确 díquè	밍취에 明确 míngquè
틀림없다 어떤 일에 대해 직접적으로 인정하다	명확하다 (어떤 일이나 사실 등)	확정적이다 어떤 일이나 사물에 대해 단언하다

10) '这样/那样'은 정도·방식·성질·상태를 나타내며 '这么/那么'는 정도·방식·수량을 나타낸다. 또 '这样/那样'은 명사·동사를 수식할 수 있으나 '这么/那么'는 동사·형용사를 수식할 수 있으며 부사어로만 쓰인다.

	사람·사물	장소	성질·방식·정도
먼 것	这	这里 这儿 (这边)	这么 这样 这么样
가까운 것	那	那里 那儿 (那边)	那么 那样 那么样
	이 / 그 / 저(것)	여기 / 거기 / 저기(쪽)	이렇게 / 그렇게 / 저렇게
기 타	每 各 别的 有的		

11) '也'는 '仍然'의 의미로도 쓰인다. 이때 흔히 앞에 시간을 나타내는 단어가 오고 뒤에는 부정사 '不' '没'

有 등이 온다. 예: 等了半天他也没有来.(오랫동안 기다려도 그는 여전히 오지 않았다)

이에 也 yě	하이 还 hái
'상동'의 의미	'보충'의 의미
我们唱了歌, 他们也唱了歌。	我们唱了歌, 还跳了舞。

이에 也 yě	요우 又 yòu
다른 사람의 행동과 같음을 나타낸다	자신의 이전 행동과 같음을 나타낸다
我们唱了歌, 他们也唱了歌。	他又来了。

12)

在＋(동작·상황의)장소＋上	在＋추상적인의미의 명사(동사)＋下
"~의 위에서"	방면·범위
在＋명사/명사구＋中	在＋동사－中
'범위'를 나타낸다	"(어떤) 동작이 진행되는 과정 중에"
在＋(구체적)장소＋下	在＋명사구＋下
"~의 아래쪽에"	조건·상황

13) 包括你在内, 我们共有二一个人.(너까지 포함해서 우리는 모두 20명이다)

바오쿠오 킹括 bāokuo	바오한 包含 bāohán	중쿠오 总括 zǒngkuò
포괄하다	포함하다	총괄하다

14) 방향성을 갖고 있는 동사(回 上 下 进 出 등) 자체에 방향보어 '来' '去' 등을 토대어 그 동작의 방향을 더욱 명확하게 나타낸다. 간약 장소와 결합할 때는 장소는 동사와 방향보어 사이에 둔다. 예: 回去了。回家去了。买回来了一件礼物。

15) 다음자(多音字) 空

kōng	kòng
속이 텅 비다, 공허하다	틈, 여가, 짬

16) 가이 该 gāi

어떠한 이치나 경험에 근거한 추측	(가정문) 도의상의 추측	(서면어) 그, 저
○	○	

四. 天气这么冷, 快要下雪了。

17) 문장 맨 앞에 올 수 있는 전치사

(根)据 按(照) 关于 至于 自从 顺着 沿着 随着 当 등

쮜 据 jù	안 按 àn
"~에 근거하여""~에 비추어"라는 의미 전치사구(부사어) / 문장 전체 수식	어떤 표준에 의거함을 나타낸다 (= 按照) [구어]

18) 칸 看 kàn

보다	~라고 여기다	~에 달려 있다
我看小说。 나는 소설을 읽습니다.	你看他会来吗? 네가 보기에 그가 올 것 같니?	这件事全看你了。 이 일은 전부 당신에게 달려 있다.

19)

런웨이 认为 rènwéi	이웨이 以为 yǐwéi	쮜에더 觉得 juéde
자신이 있는 판단에 쓰이고 때로 조심성이 없다는 느낌	말투는 '认为'보다 조금 약하고 소극적인 느낌	어기가 약하고 단정적이지 못한 느낌

20) '看来'는 '보아하니'라는 뜻으로 객관적인 평가나 추측을 나타낸다. 방향보어 '来'나 '去'가 '看' '说' '听' '想' '算' 등의 동사 뒤에 오면 방향을 나타내지 않고, '추측' 혹은 '어떤 방면에 착안함' 등의 추상적인 뜻을 나타낸다. '来'가 '去'보다 자주 쓰이며, 이러한 '来'는 모두 추상적인 뜻을 나타내는 '起来'로 바꾸어 쓸 수 있다. 예: 这件事说来话长。他的话听来很有道理。算来时间已经不短了。

21) 비쨔오 比较 bǐjiào

비교하다	비교적	~보다
(동사) A 和 B 比较起来	(부사) 比较好的	(전치사) A 比较 B ~

'比较' 뒤에 부정형은 올 수 없다

我家离学校比较不远。(×)	我家离学校比较不太远。(○)

比较 비교적, 대체로	更 더욱더
现在比较好了。	这现在更好了。

22)

형용사

적극적 의미	소극적 의미
大 多 高 长 便宜 容易 好 …	小 少 低 短 贵 难 坏 …

23)

커넝 可能 kěnéng

명사 '可能性'의 의미	부사 '也许' '或许'의 의미
可能	可
[가능·추측] (형용사 혹은 부사) 가능하다 아마도 아마~일 것이다 ~일 가능성이 있다	[강조] (부사) 정말로 절대로 구어에 많이 쓰인다

24) 어기조사 '吧'는 문장 끝에 주로 쓰여 추측의 어기를 나타내는데, 이때는 문장 중에 '大概' '大约' '也许' '恐怕' '一定' 등의 추측을 나타내는 부사가 앞에 쓰인다. 예: 大概是吧. (아마 그럴 겁니다) 또 "~했지?" "~맞지?"처럼 상대방의 의사를 확인할 때도 쓰인다.

어기조사

마 嘛 ma	아 啊 a	바 吧 ba	너 呢 ne
당연히 알고 있는 것이나, 상황으로 봤을 때 당연하다는 어기	감탄과 놀람의 어기	경령문에서 부드러운 어기, 의문문에서 확인 추측의 어기	약간 망설이는 듯한 어감, 사실을 확인해주는 어감 [의문 진행 과정]
마 吗 ma	더 的 de	러 了 le(1)	러 了 le(2)
의문의 어기	의심의 여지없이 확실하다는 확신의 어기	동작이 이미 발생·실현되었다는 것을 긍정하는 어기	새로운 상황의 변화나 발생의 어기

四. 天气这么冷,快要下雪了。

五. 他会说一点儿汉语。

• A 기본회화 1 B •

A. 니 후이 따 핑팡치우 마 Nǐ huì dǎ pīngpāngqiú ma
   你会打乒乓球吗? (탁구 칠 수 있나요)

B. 워 쩡짜이 쉬에 Wǒ zhèngzài xué
   我正在学。(배우고 있는 중입니다)

| 조동사[1] 能 可以 会 要 应该 得 可　　应 능원동사 | + | 동 사 | = | 가능 의지 바람 당연 필요 등의 의미를 띤다 |

능력동사

후이(会) · 넝(能) · 커이(可以) ~할 수 있다

가능

1. 당신은 야구를 할 수 있습니까?

   Nǐ huì dǎ bàngqiú ma
   你会打棒球吗?

   구기운동(손: 打~, 발: 踢~)

다 打 dǎ					티 踢 tī
bàngqiú 棒球	pīngpāngqiú 乒乓球	lánqiú 篮球	wǎngqiú 网球	páiqiú 排球	zúqiú 足球
야구	탁구	농구	테니스	배구	축구

후이(会)와 넝(能)2)

후이 会 huì	넝 能 néng
무언가를 배워서 "할 줄 안다"고 할 때 쓴다 (배워서 할 줄 아는 능력)	"잘 하는지", 즉 그 수준을 물을 때에 주로 쓴다 (자연적인 능력)

2. 그는 중국어를 조금 할 줄 알아.

Tā huì shuō yīdiǎnr Hànyǔ

他会说一点儿汉语。

중국어(Mandarin)의 명칭

Zhōngguóyǔ 中国语	Hànyǔ 汉语	Pǔtōnghuà 普通话	Guóyǔ 国语	Huáyǔ 华语
한국・일본	중국 본토		대만	싱가폴 등 동남아

Hánwén 韩文	Zhōngwén 中文	Rìwén 日文	Yīngwén 英文	Fǎwén 法文	Déwén 德文	Éwén 俄文	Xībānyáwén 西班牙文
한국어	중국어	일본어	영어	프랑스어	독일어	러시아어	서반아어

3. 방에서 인터넷이 됩니까?

Zài fángjiān li néng shàngwǎng ma

在房间里能上网吗?

넝 能 néng		
습득 능력 기회 = 会	+ 천성	허가 조건이 갖추어짐 = 可以

능력 동사 + 일반 동사 + 목적어		
후이 会 huì	커이 可以 kěyǐ	넝 能 néng
습득 능력 ~할 수 있게 되었다 배워서 터득할 수 있음을 나타낸다 이때의 부정형은 '不能'이다	허가에 의한(능력) (허가되어)~할 수 있다 상대방의 허가를 얻어 할 수 있음을 나타낸다	천성 습득 허가 등 ~할 수 있다 능력의 소유 또는 객관적 조건하에서의 허가를 나타낸다

4. 다른 사람들이 다 하는 일인데, 너도 할 수 있어.

Biérén néng zuò de shìr / nǐ yě néng zuò

别人能做的事儿, 你也能做。

인칭대명사 '别人'과 '人家'3)

비에런 别人 biérén	런쟈 人家 rénjiā
일반적으로 나 이외의 사람을 가리킨다 가리키는 사람 이외의 사람을 나타낼 수 있다	어떤 사람 또는 사람들을 가리킨다 '他'와 의미가 비슷하거나 '타인들'이라는 의미를 갖는다. 뒤에 동격어 인명이 올 수 있다. 간혹 말하는 사람 본인 또는 앞에서 언급한 사람을 가리킬 수 있다 4)

5. 나는 당신의 요구에 응할 수 없습니다.

Wǒ bù néng dāying nǐ de qǐngqiú

我不能答应你的请求。

다잉 答应 dāying	후이다 回答 huídá
소리내어 대답하거나 허락하고 동의한다는 뜻, 일반적으로 뒤에 인용구가 나오지 않는다	어떤 문제에 설명하거나 자신의 의견을 말하는 것이므로 그 뒤에는 인용구가 나올 때가 많다

五. 他会说一点儿汉语。 **87**

6. 보지는 않았으나 나는 오늘 너와 함께 영화 보러 갈 수 없어요.

   Kàn shì méi kàn guo / dànshì wǒ jīntiān bù néng hé nǐ yīqǐ qù kàn diànyǐng
   看是没看过, 但是我今天不能和你一起去看电影。

딴쓰 但是 dànshì	>	(어기의 강도) 커쓰 可是 kěshì	>	부꾸오 不过 bùguò
(구어) (서면어)		(구어)		(구어)
앞 구의 상황과 상반		앞 구에 대한 제한과 수정		

[전환]

7. 여러분, 오늘 이렇게 만나 뵙게 되어 대단히 감사합니다.

   Gèwèi hǎo / jīntiān nénggòu jiàndào gèwèi láibīn / běnrén gǎndào fēicháng róngxìng
   各位好! 今天能够见到各位来宾, 本人感到非常荣幸。[5]

넝 能 néng	넝꼬우 能够 nénggòu
능력보유	능력보유
조건구비	/
익숙함	익숙함
용도·쓰임	용도·쓰임
조건의 허가	/

8. 우리들의 가상이 뜻밖에 사실이 되었다.

Wǒmen de shèxiǎng jìngrán nénggòu chéngwéi shìshí
我们的设想竟然能够成为事实。

청웨이 成为 chéngwéi	삐엔청 变成 biànchéng6)
~으로 되다- 변한다는 의미로 결과를 강조	~으로 변하다, 변하여 ~이 되다 사람·사물이 원래 것과 달라짐

찡란 竟然 jìngrán >	쥐란 居然 jūrán ≠	구오란 果然 guǒrán
뜻밖에 출현한 결과를 나타낸다	예측한 것과 결과가 일치하지 않음을 나타낸다 ('竟然보다 어감이 가볍다)	예측한 것과 결과가 같음을 나타낸다

─── • A 기본회화 2 B • ───

A. 짜이 나얼 마이 더 따오 피시에   Zài nǎr mǎi de dào píxié
  在哪儿买得到皮鞋?7) (어디서 구두를 살 수 있습니까-)

B. 짜이 중양쓰창 커이 마이따오 피시에
  Zài Zhōngyāngshìchǎng kěyǐ mǎidào píxié
  在中央市场可以买到皮鞋。8)
  (중앙시장에서 구두를 살 수 있다)

← 가능브어9) →

주어 (주체자)	술어 행위	得/不(보어) (가능/불가능) (결과)	(목적어)

五. 他会说一点儿汉语。 89

买得到	买得起	买不到	买不起
상점에 물건 있어서 살 수 있다	충분한 돈이 있어서 살 수 있다	상점에 물건이 없어서 살 수 없다	충분한 돈이 없어서 살 수 없다

9. 오른 쪽으로 돌면 보입니다.

Xiàng yòu guǎi jiù kàn de jiàn
向右拐就看得见。

긍정	부정
동사+가능보어(得)+결과보어	동사+가능보어(不)+결과보어
~할 수 있다	~할 수 없다

(가능보어는 긍정보다 부정의 형태로 많이 쓰인다)10)

10. 아이들이 떠들어서 나는 잠들 수 없다.

Háizimen nào de wǒ shuì bu zháo
孩子们闹得我睡不着。

가능			불가능	
睡着	睡得着	能睡着	睡不着	不能睡着
잠들다	잠들 수 있다		잠들 수 없다	

11. 미안합니다. 장담할 수 없네요.

Duìbuqǐ / wǒ shuō bu shànglai

对不起,11) 我说不上来。

동사＋가능코어(得)＋방향보어	동사＋가능보어(不)＋방향보어
~할 수 있다	~할 수 없다

동사	得/不 (가능보어)	방향보어12)
동작의 실현 가능성 여부		

12. 너 알아들을 수 없니?

Nǐ tīng bu dǒng ma

你听不懂吗?

听不懂	没听懂
들어도 이해하는 것이 불가능하다 가능보어의 부정 형식	들었으나 이해하지 못했다 결과보어의 부정 형식

13. 한번 보았지만 여전히 확실치 않다.

Kàn le yī huí / háishi kàn bu qīngchu

看了一回, 还是看不清楚。

동사 + 가능 + 결과 　　　보어　보어 看　　得　　清楚	동사 + 결과 　　　보어 看　　清楚	동사 + 得 + 정도 　　(조사)　보어 看　　得　　清楚
↕	↕	↕
看不清楚	没看清楚	看得不清楚

하이스 还是 háishi

(부사) 여전히	(부사) ~하는 편이 (더) 좋겠다	(접속사) 또는, 아니면
―	下午可能有雨, 还是带上雨伞吧。 오후에 비가 오겠으니, 우산을 지니는 것이 좋겠다.	你去还是我去? 네가 가느냐 아니면 내가 가느냐?

14. 배가 불러서 더 못 먹겠어요.

Chībǎo le / zài chī yě bu xià le

吃饱了, 再吃也不下了。

吃不下	吃不了	吃不起	吃不惯
배가 불러서 먹을 수 없다	양이 너무 많아서 먹을 수 없다	충분한 돈이 없어서 먹을 수 없다	습관이 되지 않아서 먹을 수 없다

동사-得/不+下	동사+得/不+了
공간에 수용할 수 있는지 여부	동작이 발생할 수 있는지 여부

15. 미안하지만 내일 올 수 없게 되었어.

Hěn bàoqiàn / míngtiān wǒ lái bu liǎo le

很抱歉, 明天我来不了了。

동사+得了	동사+不了
~할 수 있다	~할 수 없다

가능보어의 형태

술어+得/不+결과보어	술어+得/不+방향보어	술어+得/不+了(liǎo)
看不见	吃不下	来不了

가능보어 구문의 예

긍정문형	부정문형	정반의문형	목적어 동반
洗得干净 깨끗이 씻을 수 있다	洗不干净 깨끗이 씻을 수 없다	洗得干净洗不干净? 깨끗이 씻을 수 있는가	洗得干净那件衣服 그 옷을 깨끗이 씻을 수 있다
洗得/洗不 ~할 수 있다/없다			

제5과 주해

1) 조동사의 분류

가능	당위	필요	희망·의지
能 能够 会 可以 可能 得	应 该 要 应该 应当 当	要 须 须要 必须 得(děi) 好	愿意 愿 情愿 要 肯 敢 想
~하고 싶다	~해야 한다	~할 수 있다	~해도 좋다	~하는 것이 좋다
想 ＜ 要	要＜需要＜必须	会 ＜ 能	可以	最好

2) '能'과 '会'는 모두 객관적인 가능성과 주관적인 능력을 나타낸다. 가능성을 나타낼 경우에 '能'은 긍정적인 의미가 있고 '会'는 추측의 뜻이 있다. 능력을 나타낼 경우에 '能'은 이미 '기능'을 소유했음을 나타내고 '会'는 처음 배워서 '기능'을 소유했음을 나타낸다. 그러나 '기능'을 잃었다가 회복된 것을 나타낼 경우에 '能'을 쓰고 '会'를 쓰지 않는다. '효율'을 나타낼 경우는 '能'을 쓰고 '会'를 쓰지 않는다.

후이 会 huì

동사	조동사	
会+명사(운동·기능) / 一点儿 능숙하다, 잘하다 좀 ~	会+동사 ~할 수 있다, ~할 줄 안다	(一定)会~的 ~할 것이다, ~임에 틀림없다

3) 다른 사람, 남

비에런 别人 biérén	런쟈 人家 rénjiā
기타 사람 어떤 사람들 / / 千万不要管别人的事。	/ 어떤 사람들 그, 그들 나 자신 人家孩子才十九岁呢。 人家明明年纪也不大呀。

4) 사람을 가리키는 명사 앞에 놓여 구체적인 의미 없이 감정 색채를 표시할 수 있다. 예: 人家小李才算得上模范学生。(샤오 리 그 사람이야말로 모범학생이라 할 수 있지요)

남(다른 사람)	그 사람, 그	나(친밀감 나타냄)

5) 정도부사

프에이창 非常 fēicháng	스프언 十分 shífēn
很 < 非常 < 十分	정도가 절정에 이르렀음을 나타낸다
앞에 '不'가 쓰일 수 없다	앞에 '不'가 쓰일 수 있다

6) '变'은 "성질·상태·정황이 원래와 다르다"는 의미를 나타낸다. '变化'는 사물이 형태 혹은 본질이 바뀌어 새로운 상황이 나타났다는 의미를 나타낸다. '变成'은 어떤 성질과 상태가 다른 성질과 상태로 전변되었다는 의미를 나타낸다. '成'은 '变'의 결과보어이다. 보통 "A 变成 B"의 구식을 취한다. '变成' 뒤에 반드시 '变'의 결과를 설명하는 단어나 단어결합(즉 명사성의 구어)이 있어야 한다.

삐엔화 变化 biànhuà	삐엔둥 变动 biàndòng	삐엔환 变换 biànhuàn
변화(하다) 형태나 본질에 새로운 상황이 나타나다	변동(하다) 주로 사회적인 현상이 변하다	변환하다 사물의 형식·내용이 다른 것으로 변하다

7) 목적어의 위치

목적어 동사 得/不 보어	동사 得/不 보어 목적어	동사 得/不 보어 목적어 보어
皮鞋买不到 구두는 살 수 없다	买不到皮鞋 구두는 살 수 없다	说不出话来 말을 하지 못하다

가능보어가 복합방향보어로 구성되었을 때는 목적어를 복합방향보어 사이에 둔다 ↵

8)

bǎihuòdàlóu	chāoshì	gòuwùzhōngxīn	xiédiàn	dìtānr
百货大楼	超市	购物中心	鞋店	地摊儿
백화점	슈퍼마켓	쇼핑센터	구두점	난전, 노점

9)

보어의 종류

양태보어 정도보어 결과보어 방향보어 가능보어
수량보어(동량보어/시량보어)

술어 동사 뒤에 쓰여 동작이 어떤 결과나 상황에 도달할 수 있는가를 나타내는 보어를 가능보어라고 한다. 得/不 뒤에 와서 결과 혹은 방향을 나타내는 것은 일반적으로 한 글자 내지 두 글자로 된 단어이다. 예: '懂' '完' '见' '到' '动' '了' '上' '过' '起' '起来' '出来' 등. '能' '可以'를 앞에 두어 가능보어와

五. 他会说一点儿汉语。 95

함께 쓸 수 있으나 이 경우에 의미에는 큰 변화가 없다. 예: **我能回得来。**(나는 돌아올 수 있다)

가능보어의 형태

得/不＋결과보어/방향보어	得/不＋了	得/不得
看得见 吃不下	吃不了	吃不得

10)

对不起	看不起	买不起	吃不下	吃不了	吃不惯
对得起	看得起	买得起	吃得下	吃得了	吃得惯

找不到	差不多	来不及	受不了	说不定	舍不得
找得到	差得多	来得及	受得了	说得定	舍得得

11) 커치화 '**客气话** (kèqihuà)'의 예

duìbuqǐ 对不起	méi guānxi 没关系	xièxie / búxiè / búkèqi 谢谢 / 不谢 / 不客气
미안합니다	괜찮아요	고맙습니다, 괜찮습니다
bàoqiàn 抱歉	búyàojǐn 不要紧	nǎli nǎli / nǎrdehuà 哪里 哪里! / 哪儿的话
미안합니다	괜찮아요	그럴 리가 있겠어요, 무슨 소리예요

12) 방향보어란 동사 뒤에 붙어 그 동작이 이루어지는 방향을 보충 설명하는 말을 가리킨다. 말하는 사람에게 가까워지면 '来'를, 말하는 사람에게서 멀어지면 '去'를 쓴다. 목적어가 장소를 나타내는 경우, 그 목적어는 반드시 '来'나 '去'의 앞에 놓는다.

六. 英文比中文难学。

> • A 기본회화 1 B •
>
> A. 한위 비 르위 난 쉬에 / 웨이선머   Hànyǔ bǐ Rìyǔ nán xué / wèishénme
>   汉语比日语难学,1) 为什么?
>   (중국어는 일본어보다 배우기 어려워요, 왜 그래요)
> B. 인웨이 한위 더 운프아 껑 프우자   Yīnwèi Hànyǔ ce wénfǎ gèng fùzá
>   因为汉语的文法更复杂。2)
>   (중국어의 문법이 더 복잡하기 때문입니다)

1. 그는 현재 이전보다 (훨씬) 많이 진보하였다.

    Tā xiànzài bǐ yǐqián jìnbù duō le
    他现在比以前进步多了。

비교한 차이의 다소에 따른 표현

적을 때	많을 때
A比B+형용사+一点儿/一些3)	A比B+동사/형용사+得多/多了4)
今天比昨天热一点儿。5)	今天比昨天热得多。
오늘은 어제보다 좀 덥다.	오늘은 어제보다 훨씬 덥다.

구체적	대체적
A比B+형용사+비교결과	A比B+형용사+비교결과
小金比我小三岁。6)	这手机比那手机好一些。7)
김군은 나보다 세 살 어리다.	이 휴대폰은 저 휴대폰보다 좀 좋습니다.

이치엔 以前 yǐqián	충치엔 从前 cóngqián
현재 혹은 어떤 시기 이전의 한 시기를 나타낸다 구체적 시점 뒤에 써서 과거 현재와 미래를 나타낼 수 있다	과거의 시간을 나타낸다 보통 현재와 거리가 멀어진 시간을 가리킨다 과거만 나타내고 현재 미래는 나타낼 수 없다

2. 그녀는 그 누구보다도 예쁘다. (가장 예쁘다)

Tā bǐ shéi dōu piàoliang

她比谁都漂亮。

최상급

A	比	B(의문사)	都	비교결과
		어느 하나가 가장 ~하다, 무엇보다도 ~하다		

3. 다른 학생과 비교하자면 그의 성적이 가장 좋다.

Bǐ qǐ bié de tóngxué lai / tā de chéngjì zuì hǎo

比起别的同学来, 他的成绩最好。
　　　B　　　　　　A

A 跟 B 相比, A 最+술어	比起 B 来, A 最+술어	跟 B 比起来, A 最+술어
A와 B를 비교하자면	B와 비교하자면	B와 비교하자면

4. 그의 의견도 거의 나와 마찬가지이다.

Tā de yìjian yě gēn wǒ chàbuduō yíyàng
他的意见也跟我差不多一样。

차부두오 差不多 chàbuduō[8]	차디얼 差点儿 chàdiǎnr[9]
어떤 수량이나 정도에 가까워져 차이가 크지 않음을 나타낸다	어떤 일이 실현되었거나 실현되지 않았음을 나타낸다
대체로, 거의 同学们差不多都来了。	하마터면, 자칫하면, 거의 他差点儿摔到。 좀더 ~하면 ~할 뻔하였다

A 跟 B + 一样	A 跟 B + 不一样
A는 B와 같다	A는 B와 같지 않다

⇩

A 跟 B + 一样 ~	A 跟 B + 不一样 ~	A 不跟 B + 一样 ~
A는 B와 마찬가지로 ~하다	A는 B와 마찬가지로 ~않다	A는 B과 마찬가지로 ~않다

서로 같거나 비슷하다, 서로 다르거나 비슷하지 않다

A 跟 B + 同样 ~	A 跟 B + 差不多 ~	A 不跟 B + 同样 ~
A는 B와 마찬가지로 ~하다	A는 B와 거의 마찬가지다	A는 B와 마찬가지로 ~않다

六. 英文比中文难学。

5. 그들의 학교는 우리들의 학교만큼 크다.

Tāmen xuéxiào yǒu wǒmen xuéxiào zhème dà
他们学校有我们学校这么大。

A	有	B	결과
		(비교의 기준)	

비교문의 유형

bǐ(比) 사용	gēn(跟) 사용	xiàng(像) 사용	yǒu(有) 사용
A는 B보다 ~하다	A와 B는 같다/다르다	A는 B처럼 그렇게~하다	A는 B만큼~하다
구체적인 차이 중시	동일한지 여부를 중시	유사성을 강조	정도에 도달 여부를 중시

6. 시를 쓰는 것은 문장을 쓰는 것보다 쉽지 않다.

Xiě shī méiyǒu xiě wénzhāng róngyì
写诗没有写文章容易。

A가 B보다 더 ~하다

A bǐ(比) B gèng(更) 술어	≒	B méiyǒu(没有) A 술어
		(B는 A만큼 ~하지 않다) 부정적인 방향으로 "~만큼 ~하지 않다"

B méiyǒu(没有) A 술어	≒	B bùbǐ(不比) A 술어[10]
(B는 A만큼 ~하지 않다) 他没有我来得早。 그는 나만큼 빨리 오지는 않았다.		(B는 A보다 ~하지 않다) 他不比我来得早。 그는 나보다 빨리 온 것은 아니다.

7. 오늘은 어제만큼 그렇게 덥지 않다.

Jīntiān méiyǒu zuótiān nàme rè

今天没有昨天那么热?11)

A 有 B + 这么/那么 + 술어	A 没有 B + 这么/那么 + 술어
A는 B만큼 (그렇게) ~하다	A는 B만큼 (그렇게) ~하지 않다

쩌머 这么 zhème / 나머 那么 nàme

근칭 / 원칭12)

8. 과거는 현재보다 발전하지 못하였다.

Guòqù bùrú xiànzài fādá

过去不如现在发达。

'不如'와 '没有'13)

A 不如 bùrú B	A 没有 méiyǒu B
미치지 못하다	~만큼 …하지 않다 (열등비교)

비교문의 부정형14)

A 不比 B	A 没有 B	A 不如 B
B는 A보다 ~하지 않다	A는 B만큼 ~하지 않다	A는 B에 미치지 못하다
상대방의 말에 동의하지 않을 때	가장 보편적인 비교문의 부정	A没有B…

9. 그는 그녀보다 총명하지 않다.

Tā bùbǐ tā cōngmíng
他不比她聪明。

A > B	A 比 B 聪明
A는 B보다 총명하다	

A < B A ≤ B	A 没有 B 聪明 A 不比 B 聪明	(A跟B差不多聪明)
A는 B만큼 총명하지 않다		

A = B	A 跟 B 一样 聪明
A는 B와 같이 총명하다	

10. 이것보다 더 좋은 것은 없다.

Méiyǒu bǐ zhège zài hǎo de le
没有比这个再好的了。15)

méiyǒu bǐ(没有比) + 비교대상 + 更/再 + 형용사 + (的)了
~보다 더 …한 것은 없다(~이 가장 …하다)

háiyǒu bǐ(还有比)	méiyǒu bǐ(没有比)
~보다 더 …하다	~보다 …하는 일은 없다

11. 그는 나보다 더 총명하다.

　　　　　Tā bǐ wǒ gèng cōngmíng　　　　Tā bǐ wǒ hái cōngmíng
　　　　　他比我更聪明。　　　　　　　　他比我还聪明。16)

bǐ(比)~gèng(更)	bǐ(比)~hái(还)
더욱	한층

A比B+更/还+형용사/동사	A比B+很/非常+형용사	A比B+형용사+多了/得多
○	×	○
긍정적인 방향으로 "~보다 더 낫다"		

12. 그는 나보다 일찍 잤다.

　　　　　Tā shuìjiào bǐ wǒ shuì de zǎo　　　Tā shuìjiào shuì de bǐ wǒ zǎo
　　　　　他睡觉比我睡得早。　　　　　　　他睡觉睡得比我早。17)

A+동사+목적어+동사+得+보어 ↑ 比 B	A+동사+목적어+동사+得+보어 ↑ 比 B

13. 그는 오늘 나보다 한 시간 일찍 왔다.

　　　　　Tā jīntiān bǐ wǒ zǎo lái le yī ge xiǎoshí
　　　　　他今天比我早来了一个小时。

A 比 B	早/晚/多/少	동사	수량보어18)

14. 그의 신체는 날로 좋아졌다.

Tā de shēntǐ yī tiān bǐ yī tiān hǎo le
他的身体一天比一天好了。

정도의 누진(19)

一个比一个	一次比一次	一年比一年
하나씩	매번	해마다

비교의 방법

보다 ~	훨씬 ~	조금 ~	구체적 수치	관용구 ~마다
A比B 还/更 술어	A比B 술어 得多/多了	A比B 술어 一点儿/一些	A比B 술어 수량구	一A'比一A'

•A 기본회화 2 B•

A. 니 띠디 이에 쌍 니 쩌머 가오 마 Nǐ dìdi yě xiàng nǐ zhème gāo ma
   你弟弟也像你这么高吗? (너의 동생도 너처럼 크니)

B. 타 부쌍 워 쩌머 가오 Tā bùxiàng wǒ zhème gāo
   他不像我这么高。(그는 나만큼 크지 않아요)

유사
A ≒ B 사물의 성질·상태·정도

15. 길이는 거의 비슷하나 너비는 좀 작은 듯하다.

Chángduǎn chàbuduō / kuānzhǎi hǎoxiàng xiǎo yīdiǎnr

长短差不多, 宽窄好像小一点儿。

차부두오 差不多 chàbuduō

형용사	부사
비슷하다, 그런대로 (거의) 다 되다 쓸 만하다, 웬만하다	거의

chángduǎn	kuānzhǎi	dàxiǎo	gāodī
长短	宽窄	大小	高低
길이	너비	크기	높이

16. 당신의 집처럼 생각하고 편하게 계세요.

Qǐng nǐ suíbiàn / xiàng zài jiā yīyàng

请你随便,[20) 像在家一样。

A	像	B	一样 …	A	跟	B	一样 …
유사성을 강조				동일성 여부에 중점			

像~似的/似地	像~一样/一般	像~这么/那么[21)
마치 ~와 같다	마치 ~와 같다	마치 ~처럼 (그렇게)

17. 왔다 갔다 하는 것이 어떤 생각에 잠긴 듯하다.

Zǒu lái zǒu qù xiàng shì zài xiǎng shénme xīnsī
走来走去像是在想什么心思。22)

신스 心思 xīnsī	신쓰 心事 xīnshì
감정 색채를 띠지 않는다 생각, 심정, 기분	흔히 감정 색채를 띤다 대체로 번뇌·정서 등을 포함 걱정거리, 시름, 염원

18. 말하는 것이 마치 총을 쏘듯이 빠르다.

Shuōhuà de sìhu dǎqiāng yīyàng kuài
说话的似乎打枪一样快。

하오쌍 好像 hǎoxiàng	칸라이 看来 kànlai	쓰후 似乎 sìhu
(겉으로 판단하기에) ~같이 보인다	~같이 보인다	~같이 보인다
자기의 말하고자 하는 것을 충분히 단정할 수 없을 때	(봤을 때) 객관적 근거에 따라 상황을 추측할 때	"(생각한 뒤) 확실히 잘라 말할 수 없지만" 이라는 뉘앙스

好像	(好)像…似的/一样	(不)像…这么/那么	似乎…一样/似的
他好像(是)机器人. 그는 마치 로봇 같다	마치 ~인듯하다	마치 ~처럼(그렇게)	마치 ~인듯하다

◎ 제6과 주해

1) 동사 앞에서 '好'는 '쉽다'는 뜻인데 부정할 때 "不好+동사" 또는 "难+동사"를 쓸 수 있다. 또한 '好'는 '吃' '喝' '听' '看' 등의 동사 앞에서 동작 행위를 한 다음의 "즐겁고 홀가분한" 느낌을 나타낼 수 있는데 부정할 때 "不好+동사" 또는 "难+동사"를 쓸 수 있다.

好+동사	不好+동사
	难+동사
(긍정)	(부정)

2)

헌 很 hěn	<	껑 更 gèng	<	쭈이 最 zuì
정도가 일반을 초월함		일반을 훨씬 초월함		줄정에 다다름

3)

一点儿-一些	
수사 '一'와 결합하고 '一'는 생략될 수 있다	
(一)点儿 半点儿 (○)	(一)些 半些 (×)
(명사 앞) [수량] '些'는 '点儿'보다 많다	
一点儿水 (○) 一点儿人 (×) <	一些水 (○) 一些人 (○)
(형용사·동사 뒤) [정도] '些'는 '点儿'보다 높다	
好/高/多/小声儿+点儿 <	好/高/多/小声儿+些
명령문/'想'/'要'(능원동사)+点儿 어기 완화 조용(겸양) 你想喝点儿什么?	-
-	'好'+'些'+명사, 수량이 많다는 뜻 湖里有好些鱼。

4)

A 比 B + 형용사 + 得 + 보어		A 比 B + 형용사 + 보어
今天比昨天冷得多。	今天比昨天冷得不得了。	今天比昨天冷多了。
오늘은 어제보다 훨씬 덥다.		오늘은 어제보다 (훨씬) 많이 덥다.

六. 英文比中文难学。

5)

'一点儿'의 위치

早/晚＋一点儿＋동사	多/少＋동사＋(一)点儿＋명사	동사＋得＋형용사＋一点儿
좀 더 일찍 / 좀 더 늦게 ~ 비교의 어감	약간의 무엇을 더 ~	(지금보다) 좀 더 ~

6) 나이를 비교할 때 '大' '小'를 쓰고 '多' '少'는 쓰지 않는다. 구체적 차이를 나타낼 때 '岁'를 쓰고 '年'을 쓰지 않는다.

7) 비교되는 A와 B의 공통부분은 생략된다. "명사1＋比＋명사2"의 형태이면 B의 명사2는 생략할 수 있다. "지시대명사＋양사＋명사"의 B의 명사는 는 생략할 수 없다.

8)

차부두오 差不多 chàbuduō

부사	형용사		
거의, 대체로	대부분	비슷하다	그럭저럭 되다

9) 희망한 일이 잘 되지 않았거나, 불행한 일이 다행스럽게 일어나지 않았을 때 쓰인다.

하마터면 ~(못)할 뻔 했다

말하는 사람이 실현되기를 원치 않는 경우	말하는 사람이 실현되기를 원하는 경우	
差点儿 = 差点儿没 "다행이다" "실현될 뻔하다가 실현되지 않았다"는 안도의 뜻	差点儿就 "그렇게 되지 않아 애석하다"는 뜻	差点儿没 "가까스로 실현했다"는 안도의 뜻

10) '没有'와 '不比'는 한 문장 속에 뜻 차이는 별로 없지만 '不比'는 일정한 전제에서만 사용하기 때문에 잘 쓰이지 않는다. 상대방의 생각에 대해 가볍게 반박하는 의미가 첨가된다.

11)

rè 热	lěng 冷	liángkuai 凉快	gānzào 干燥	cháoshī 潮湿
덥다	춥다	시원하다	건조하다	습기차다

12) B 뒤에 '这么' 또는 '那么'를 써서 정도의 높음을 가리키기도 한다.[비교 결과를 강조] 이때 먼 것을 가리킬 경우에 '那么'를 쓰고 가까운 것을 가리킬 경우에 '这么'를 쓴다.[말하는 사람의 심리적 원근감을 기준으로 한다]

13) 둘 다 부정문에 쓰이며 비교의 결과 부분에 소극적 의미의 서술어는 쓸 수 없다.

뿌루 不如 bùrú	메이요우 没有 méiyǒu
不如+긍정적 의미	这么/那么와 함께 쓰인다
不如+동사(×)	没有+긍정적/부정적 의미
不如 뒤 (형용사) [생략 가능]	没有 뒤 형용사 [생략 불가]

↳ 与其你去, (还)不如我去。(네가 가는 것보다 내가 가는 것이 낫다)

(与其)	어떤 사실 A (포기)	↙ '还' '倒' '真' ( ) 不如	결과 B (선택)	A하기보다는 B하는 것이 낫다

毋宁 宁可 宁愿 宁肯

14) "A不比B" "A没有B" "A不如B" 모두 뒤의 대상(B)이 더 낫다는 의미이다. '不比'는 '差不多'에 상당한다.

我不比你高。	=	我跟你差不多。
我没有你高。	=	我比你矮。
我不如你高。	=	我比你矮。

15) 최상급

没有比这个再(更)好的了。	再(最)好没有了。	再(最)好不过了。	好得不能再(更)好了。
이보다 더 좋은 것은 없다	더 좋은 것은 없다	더 좋을 수 없다	더 이상 좋을 수 없다

16) '比'와 결과를 나타내는 술어 사이에 '更' '还' '还要' '稍微' 등의 부사어를 사용하여 정도가 더함을 나타낼 수 있다. 그러나 정도를 나타내는 부사 '很' '非常' '十分' '太' '比较' '最' '特别' '极(了)' 등은 사용할 수 없다.

사오웨이 稍微 shāowēi 약간, 조금	비쨔오 比较 bǐjiào 비교적, 대체로
比~稍微 (○)	比~比较 (×)

차이가 클 때에는 "~得多"나 '~多了"를 써서 "훨씬 ~하다"는 의미를 나타낼 수 있다. 예) 他比我聪明得多。这个比那个贵多了。

17) '比'를 이용한 전치사구문의 동사에 정도보어가 있을 경우에 '比'는 동사 앞에 둘 수도 있고 보어 앞에 둘 수도 있다. 또한 정도보어를 가진 동사가 목적어도 가지고 있을 경우에 '比'는 중복된 동사 앞에 놓을 수도 있고 보어 앞에 둘 수도 있다. 他比我睡觉睡得早。(×)

18) '早' '晚' '多' '少'가 부사어가 될 때 반드시 술어 앞에 두어야 하고 '比' 앞에 둘 수 없다. 수량보어는 정도

六. 英文比中文难学。　109

보어와 함께 쓰일 수 없으며 동사 뒤에서 동작 행위가 진행되는 횟수나 진행되는 시간 등을 나타낸다.

동량보어	시량보어
동작의 진행 횟수	동작의 진행 시간

19) '一'와 양사가 결합된 것이 '比'의 앞뒤에 중복 사용되면 시간이 지남에 따라 정도가 뚜렷해지는 상황을 나타낸다.

20) 수이삐엔 随便 suíbiàn

(부사) 좋을 대로, 제멋대로	(형용사) 함부로, 무책임하다	(접속사) ~을 막론하고	(동사) 당신 마음대로 하세요
去不去随便你。	不要随便说话。	随便什么书, 你都可以翻一翻。	随你的便。

21)

像~那么…	不像~那么…
像小金那么聪明的人不多。 샤오 진처럼 (그렇게) 총명한 사람은 많지 않다	小金不像小李那么聪明。 샤오 진은 샤오 리처럼 (그렇게) 총명하지 않다

22)

A lái(来) A qù(去)
여러 번 A하다

七. 他做练习做得很认真。

- **A 기본회화 1 B**
- A. 샤오 진 / 니 후이 수오 한위 마   Xiǎo Jīn / nǐ huì shuō Hànyǔ ma
  小金! 你会说汉语吗? (샤오 진, 중국어 할 수 있어요)
- B. 후이 이디얼 / 딴쓰 수오 더 뿌하오   Huì yīdiǎnr / dànshì shuō de bùhǎo
  会一点儿, 但是说得不好。(조금 할 수 있지만, 잘 못해요)

| 동사/형용사 | + | 得 | + | 양태보어1) |

평가	정도	결과
说汉语说得不错。2) 너는 중국어를 잘한다.	他高兴得不知道说什么好。 그는 무슨 말을 해야 좋을지 모를 정도로 기뻤다.	他气得哭了。 그는 화가 나서 울었다.

↓

你汉语说得不错。	你把汉语说得不错。	汉语你说得不错。	他说汉语得不错。
○	○	○	×

1. 그는 걸음이 빠르다.

Tā zǒu de hěn kuài
他走得很快。3)

주어 (주체자)	술어	得	(보어)
	행위	得	습관·성격
	일상행위	행위의 습관적 패턴4)	

七. 他做练习做得很认真。 111

긍정문	금지	명령
你走得很快。	你不要走得那么快。(○) 你不要那么快走。(×)	你走快点儿吧!

2. 나는 연습을 매우 열심히 한다.

Wǒ zuò liànxí zuò de hěn rènzhēn
我做练习做得很认真。

```
동사 + 목적어 + 동사 + 得 + 보어
                              행동패턴
```

동사 + 得 + [양태보어]

술어의 동작 행위의 상태나 상황을 나타낸다
주로 이미 발생하였거나 자주 발생하는 동작이다
구조조사 '得'(de)를 수반한다

3. 그는 글씨를 빠르고 아름답게 쓴다.

Tā xiě zì xiě de yòu kuài yòu hǎokàn
他写字写得又快又好看。

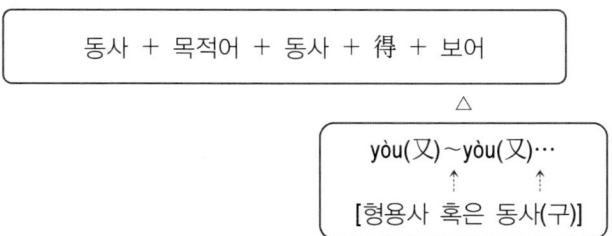

동사 + 목적어 + 동사 + 得 + 보어

yòu(又)~yòu(又)…
[형용사 혹은 동사(구)]

4. 그는 밥 먹는 것을 잊어버릴 정도로 음악을 듣는다. (그는 음악을 듣다 밥 먹는 것을 잊어버렸다)

Tā tīng yīnyuè tīng de wàng le chīfàn
他听音乐听得忘了吃饭。

르창성후오 日常生活 rìcháng shēnghuó

qǐchuáng 起床	shuāyá 刷牙	xǐliǎn 洗脸	chīfàn 吃饭	kànshū 看书	zuò zuòyè 做作业	shuìjiào 睡觉
기상하다	이를 닦다	세수하다	밥을 먹다	책을 보다	숙제하다	잠을 자다

5. 이 소설은 아주 잘 쓰여 졌다.

Zhè běn xiǎoshuō xiě de hěn bùcuò
这本小说写得很不错。

부추오 不错 bùcuò

형용사 '错'의 부정형 ('맞다' '옳다' '정확하다'는 의미) '很'의 수식을 받을 수 없다	형용사로 '좋다' '나쁘지 않다'는 의미 주로 구어에 쓰인다 '很'의 수식을 받을 수 있다

6. 우리들의 일은 그다지 순조롭지 못하다.

Wǒmen de gōngzuò jìnxíng de bùdà shùnlì
我们的工作进行得不大顺利。5)

부따 不大 bùdà	부타이 不太 bùtài
부사로서 형용사를 수식할 수 있고 또 능원동사 앞에도 놓을 수 있다	
뒤에 긍정적 의미를 지닌 형용사만 올 수 있다	뒤에 부정적 의미를 지닌 형용사도 올 수 있다

七. 他做练习做得很认真。

7. 모두가 교실을 깨끗이 청소하였다.

Dàjiā bǎ jiàoshì dǎsǎo de gānganjìngjìng le
大家把教室打扫得干干净净了。

↕

教室被大家打扫得干干净净了。

형용사의 중첩⁶⁾

성질이나 정도가 심화됨을 나타낸다

매우~	A처럼 B하다
AA AABB	AB AB
好好(儿) 高高兴兴	雪白 雪白

8. 그는 기뻐서 말이 나오지 않았다.

Tā gāoxìng de shuō bu chū huà lai
他高兴得说不出话来。

형용사 + 得 + [양태보어]

说话+(不)+出来
↓
[说+(不)+出+话+来]

가능보어 구문과 양태보어 구문의 비교

가능보어 구문			
洗得干净 깨끗이 씻을 수 있다	洗不干净 깨끗이 씻을 수 없다	洗得干净洗不干净? 깨끗이 씻을 수 있는가	洗得干净那件衣服 그 옷을 깨끗이 씻을 수 있다
긍정문형	부정문형	정반의 문형	목적어 동반
洗得很干净 깨끗이 씻다	洗得不干净 깨끗하지 않게 씻다	洗得干净不干净? 깨끗이 씻는가?	把那件衣服洗得干干净净了 그 옷을 깨끗이 씻었다
양태보어 구문			

9. 그는 엄청나게 바쁘다.

Tā máng de bùdéliǎo

他忙得不得了。

정도보어[7]

동/형+极了/死了	동/형+得·要命/不得了	동/형+得·多/远了
好极了/饿死了 매우 좋다 / 배고파 죽겠다	忙得要命 바빠서 죽겠다	好多了/好得多 많이 좋아졌다

술어+得+정도보어	술어+정도보어
很 多 慌 不得了 什么似的 要死 要命 不行 可以 厉害 够呛 등	极了 多了 透了 死了 등 (이때 '了'는 생략할 수 없다)

七. 他做练习做得很认真.

10. 나는 배고파서 죽을 지경이다.

Wǒ è de yàomìng
我饿得要命。

야오밍 要命 yàomìng

동사	형용사
목숨을 요구하다	심하다 [정도보어로 쓰인다]

── • A 기본회화 2 B • ──

A. 니 칸 수 칸쿤 러 마   Nǐ kàn shū kànkùn le ma
   你看书看困了吗? (공부하기 지쳤나)

B. 스 / 워 칸쿤 러   Shì / wǒ kànkùn le
   是, 我看困了。(네, 지쳤어요)

내 배는 (먹어서) 불렀다	나는 배가 불렀다
我吃得很饱。[양태보어]	我吃饱了。[결과보어]

11. 너 그 사람 봤어?

Nǐ kànjian tā le ma
你看见他了吗?[8]

| 주어
(주체자) | 술어 | (보어) |
	행위	행위 행위에 의해 초래되는 결과
我	看	见/到 了

我 看 了	我 看 见 了	我 看 到 了
(나는) 보았다 [시선을 향했다]	(나는) 보였다 [눈 속에 비쳤다]	(나는 그 사물이 보여서) 이해했다[이해하고 있다]

12. 저 사람의 이야기가 들렸습니까?

Nàge rén de huà nǐ tīngjian le ma
那个人的话你听见了吗?9)

동사술어	+	결과보어10)
단지 어떤 동작이나 행동의 진행을 나타낸다		동작이나 행위가 구체적으로 어떤 결과를 가져왔는가를 보충 설명한다 언제나 동사 뒤에 놓인다. 주로 동사와 형용사가 결과보어로 쓰인다

```
      ┌─── 결과보어의 기본 형식 ───┐
      │  [동사＋동사] / [형용사＋형용사]  │
      │                                │
      │    주어 ＋ 술어 ＋ [결과보어]     │
      │ 주어 ＋ 술어 ＋ 목적어 ＋ 술어 ＋ [결과보어] │
      └────────────────────────────────┘
```

七. 他做练习做得很认真。

13. 나는 그 문장을 다 썼다.

Wǒ xiěwán le nà piān wénzhāng
我写完了那篇文章。

~한 결과를 느낄 수 있다	~하는 동작이 이루어지다	~함으로써 이해할 수 있다	~하는 것을 끝내다
동사+见	동사+到	동사+懂	동사+完
听见 들었다	看到 보았다	听懂 듣고 이해했다	做完 다했다
동사가 나타내는 동작이 달성되거나 달성되는 모양			

14. 당신은 잘못 말하였습니다.

Nǐ shuōcuò le
你说错了。

kàncuò 看错	tīngcuò 听错	niàncuò 念错	xiěcuò 写错
잘못 보다	잘못 듣다	잘못 읽다	잘못 쓰다

나는 글씨를 틀리게 썼다.	
我写字写错了。	我把字写错了。

15. 나는 다 했습니다.

Wǒ zuòhǎo le
我做好了。

의문형	긍정형	부정형
동사＋결고-보어＋～	동사＋결과보어	没＋동사＋결과보어
你做好了吗? 你做好了没有?	我做好了。	我没做好。

동사와 형용사(보어)의 결합

충분히～하다	분명하게～하다	단단히～하다	잘못～하다	잘～완료하다
동사＋饱	동사－清楚	동사＋住	동사＋错	동사＋好
吃饱	说清楚	记住	说明错	准备好
배불렀다	분명하게 말했다	기억했다	잘못 설명했다	잘 준비했다

동작의 단계와 상태

동사＋동태조사 (了 着 过)	동사＋방향보어 (起来 下去)	要 就要 快要 快 ＋동사＋了	正在 正 在 ＋동사＋呢	동사＋결과보어 (好 完 成…)
다 ～했다 (아직도) ～하고 있다 ～한 적이 있다	～하기 시작했다 (계속해서) ～하다	곧 ～하려고 한다	～하는 중이다	～한 결과 ～하다

二. 他做练习做得很认真。

16. 책을 통해서 지식을 많이 배웠다.

Tōngguò shūjí xuédào le bùshǎo zhīshi
通过书籍学到了不少知识。

~을 통해서

징꾸오 经过 jīngguò[11]	퉁꾸오 通过 tōngguò[12]
(동사) 어떤 과정을 거쳐 어떤 결과에 도달하는 것을 나타낸다	(전치사) 어떤 사람이나 사물을 매개나 수단으로 어떤 목적에 도달하는 것을 나타낸다
일의 과정을 강조	방법이나 수단을 강조

목적의 달성	도달 지점	도달 시점	도달 수량·정도
学到　买到 배웠다 / 샀다	送到　回到 ~로 보냈다 / ~로 돌아왔다	等到　看到 ~까지 기다렸다 / ~까지 보았다	增加到　减少到 ~로 늘었다 / ~로 줄었다

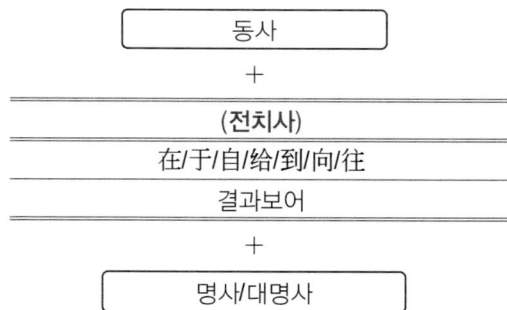

제7과 주해

1) 동사나 형용사 뒤에서 정도를 보조하는 성분이다. 양태보어와 동사/형용사 사이는 주로 구조조사 '得'로 연결한다. 구조조사 '个'를 쓰는 경우도 있다.

동/형＋得＋보어(주로 형용사)	동/형＋个＋보어(주로 형용사)
说得很好 (말을 잘한다)	吃了个饱 (배불리 먹었다)

2) 동사가 목적어를 가질 때는 반드시 동사를 반복해주고, 정도부사는 두 번째 반복된 동사의 뒤에 둔다. 단, 동사를 중복하지 않는다면 목적어를 술어동사 앞이나 주어의 앞에 두어야 한다.

동사를 반복한다	'把'를 사용한다	목적어를 문두에 둔다
你说汉语说得不错。	你把汉语说得不错。	汉语你说得不错。

(사람이나 사물이) 좋다, 나쁘지 않다

부추오 不错 bùcuò	하이커이 还可以 hái kěyǐ
주로 다른 사람에 대해 쓴다	주로 자신을 가리킬 때 쓴다

3) 보어로 쓰이는 형용사 앞에는 정도부사인 '很' '特别' '十分' 등이 오거나 형용사 중첩형식이 쓰인다. 단, 이 중에 '很'은 형용사와 심리·감정을 나타내는 동사 뒤에서 직접 보어(정도보어)로 쓸 수 있다. 예: 这个房间干净得很。(이 방은 아주 깨끗하다) / 他怕得很。(그는 매우 두려워한다)

4) 동사 술어가 나타내는 행위가 일상적인 동작이나 행위인 경우 그 뒤에 오는 보어는 그 사람의 행동 패턴, 습관적 행위 또는 그 사람의 성격에 대하여 보충 설명하는 역할을 한다.

5) 쑨리(顺利) shùnlì (일의 진행이) 순조롭다

路上顺利吧?	工作顺利吧?	学习顺利吧?
길은 순조로우셨죠?	일은 잘 되시죠?	공부는 잘 되시죠?

6) 모든 형용사가 중첩되는 것은 아니다. 쌍음절형용사 중에 중첩할 수 있는 것은 단지 1/6 정도이다. 일반적으로 서면어 어휘는 대부분 중첩할 수 없고 구어 중에도 일부는 중첩할 수 없다. 예를 들면 '合适' '新鲜' '容易' '愉快' '精彩' '美丽' 등이다. 그리고 형용사 중첩식 앞에 '很' 혹은 '不'를 사용할 없다.

二. 他做练习做得很认真。

형용사의 중첩

일반적으로 생동감을 나타내며 항상 사물을 묘사하는 데 쓴다					
1. 수월·가뿐한 의미	2. 성질·정도가 심화		3. 부정적이고 나쁜 의미	4. A처럼 B하다	
AA(儿) 好好(儿) 잘 慢慢(儿) 천천히	ABB 热乎乎 뜨끈뜨끈하다 冷冰冰 싸늘하다	AABB 高高兴兴 즐겁다 干干净净 깨끗하다	A里AB 糊里糊涂 어리둥절하다 土里土气 촌티가 나다	ABAB 雪白雪白 눈처럼 하얗다 冰凉冰凉 얼음처럼 차다	ABAB 火红火红 새빨갛다 笔直笔直 똑 바르다
성질형용사				상태형용사	

'凉快' '高兴' '安静' '快乐' '可怜' '热闹' '痛快' 등 일부 형용사는 동사로도 쓰이므로 동사와 형용사의 중첩 방식을 다 쓸 수 있다.

동사와 형용사의 중첩형 비교

구분	동사의 중첩형	형용사의 중첩형
단음절	뒷부분은 경성	뒷부분은 경성이 되지 않는다
이음절	ABAB형	AABB형
의미	가볍고, 마음 편하게, ~해보다 (시도, 단시간, 완화, 자유로운 느낌)	선명하다, 또렷하다 (의미의 심화)

7) [형용사] 또는 [심리활동을 나타내는 동사]
  +

de hěn 得很	de duō 得多	de huāng 得慌	de yàomìng 得要命
정도가 '매우'	"훨씬~하다" 비교	"견디기 어려울 만큼 ~하다"	"참기 어려울 만큼 ~하다"

de yàosǐ 得要死	de bùdéliǎo 得不得了	de liǎobudé 得了不得
"죽을 것 같다"	정도가 심함 '심하다' '대단하다'	정도가 심함 '심하다' '대단하다'

jí le 极了	sǐ le 死了	huài le 坏了	tòu le 透了	duō le 多了
정도가 심함	정도가 심함 '极了'보다 감정적	정도가 심함	정도가 극에 달함	정도가 심함 다른 것과 비교해서

8)

kànjian 看见	tīngjian 听见	wénjian 闻见	wàngjian 望见
보다	듣다	냄새를 맡다	바라보다

9) 사람에게 쓰이는 양사

gè 个	wèi 位	gè 名	kǒu 口	zhǒng 种
널리 쓰인다(구어)	존경 예의	신분 직업	식구	불만스런 대상

10) 동사 뒤에 동사~형용사를 붙여 동작의 결과나 목적을 나타낼 수 있는데, 이를 결과보어라고 한다. 동사 뒤에서 행위의 결과를 보충하는 성분으로 언제나 동사 바로 뒤에 놓인다.

동사 형용사 전치사는 결과 보어가 될 수 있다	결과보어의 부정 没(일반)/不(가정)	동사와 결과보어 사이에는 다른 성분을 넣을 수 없다
记住 吃饱 送给	没看完~/不看完~	看完(○) 看书完(×)

이 경우 동사와 보어의 관계는 긴밀하여 그 사이에 절대로 다른 성분이 끼어들 수 없으며, 따라서 동사 뒤에 붙는 동태조사 '了'와 목적어 등도 모두 보어 뒤에 붙여야 한다. 자주 쓰이는 결과보어는 '见' '住' '到' '着' '掉' '成' '懂' '作' '为' '醒' '好' '完' '光' '饱' 등이다. 부정형은 동사 앞에 '没(有)'를 쓴다. 이때 '了'는 쓸 수 없다.

형용사	동사
好 灭 错 脏 干净 清楚 …	见 懂 完 到 上 成 走 跑 掉 作 为 死 丢 在 给 …

11) 징꾸오 经过 jīngguò

이미 일어난 결과를 초래한 사건과 과정을 설명한다	거치다, 경과하다 (장소·시간·동작)	과정, 경과

12) 퉁꾸오 通过 tōngguò

목적·결과를 위한 수단·방법을 강조한다	통과하다, 안건이 성립되다 (시험·법안·동의여부와 관련)	통하다, 지나가다 (이쪽에서 저쪽으로)

八. 他因为有事, 所以不能来。

> • A 기본회화 1 B •
>
> A. 한위 난 쉬에 / 웨이선머   Hànyǔ nán xué / wèishénme
>   汉语难学, 为什么? (중국어 배우기 어려운데 왜죠?)
>
> B. 인웨이 한위 더 원파 허 한위 더 원파 뿌 이양 / 수오이 뿌하오 쉬에
>   Yīnwèi Hànyǔ de wénfǎ hé Hányǔ de wénfǎ bù yīyàng / suǒyǐ bùhǎo xué
>   因为汉语的文法和韩语的文法不一样, 所以不好学。1)
>   (중국어의 문법과 한국어의 문법이 달라서 배우기 쉽지 않아요)

1. 그는 일이 있어서 올 수 없다.

Tā yīnwèi yǒu shì / suǒyǐ bù néng lái
他因为有事, 所以不能来。

因为	~	所以	…2)
	(원인)		(결과)

2. 나는 일을 해야 하고 돈을 벌어야 하고 부모님을 부양해야 하기 때문에 공부할 시간이 없다.

Wǒ yào zuòshì zhuànqián fúyǎng fùmǔ / suǒyǐ méiyǒu shíjiān niànshū
我要做事、赚钱、扶养父母, 所以没有时间念书。

niànshū 念书	zuòshì 做事	zhuànqián 赚钱	fúyǎng fùmǔ 扶养父母
공부하다	일을 하다	돈을 벌다	부모를 부양하다

3. 그는 몸이 좋지 않으므로 네가 그를 잘 보살펴야 한다.

Tā shēntǐ bù shūfu / yīncǐ nǐ yào hǎohǎo zhàogu tā
他身体不舒服, 因此你要好好照顾他。

因为	~ 所以	…
↳	↓	
~	因此3)	…
(원인)	인과관계 강조	(결과)

수프우 舒服 shūfu	수창 舒畅 shūchàng	수쓰 舒适 shūshì
편안하다	상쾌하다	쾌적하다

4. 일이 바빠서 계속 너랑 연락을 못했어.

Yóuyú gōngzuò hěn máng / yīncǐ yīzhí méiyǒu gēn nǐ liánxì

由于工作很忙,因此一直没有跟你联系。

인웨이 因为 yīnwèi	요우위 由于 yóuyú
뒤의 구에도 쓰인다 구어에 쓰인다 所以와 배합	앞의 구 첫머리에 쓰인다 주로 서면어에 쓰인다 所以 因而 因此 以致 등과 배합 ~으로, ~인하여

상태의 지속과 변화

이즈 一直 yīzhí	바오츠 保持 bǎochí	삐엔더 变得 biànde
A는 B 그대로다	A는 B 그대로다	A는 B가 되다

5. 시간 관계상 오늘은 여기서 마치겠습니다.

Yóuyú shíjiān guānxi / jīntiān dào zhèr wéizhǐ

由于时间关系,今天到这儿为止。

cóng(从)~ kāishǐ(开始)	dào(到)…wéizhǐ(为止)
~부터 시작해서 쭉	…까지
기점	종점

6. 몸이 아파서 병원에 가는 겁니다.

Yóuyú shēntǐ bù shūfu / cái qù kànbìng

由于身体不舒服,才去看病。

由于	~	才	…
(피치 못할 사정)			

八. 他因为有事,所以不能来。

7. 이 병은 감기로 인한 것이다.(감기에서 온 것이다)

Zhè bìng shì yóu gǎnmào yǐnqǐ de
这病是由感冒引起的。

요우 由 yóu⁴⁾		
1	2	3
~로 인하여	원인이나 근원(발전 과정)	~으로(방식)

là dùzi 拉肚子	chángyán 肠炎	gǎnmào 感冒	fāshāo 发烧	késou 咳嗽
설사하다	장염	감기	열이 나다	기침하다

8. 나는 그녀가 결혼해서 기쁘다.

Wǒ wèi tā de jiéhūn gāoxìng
我为他的结婚高兴。

어순

주어	为	행동의 원인·대상	술어 (행위 행동)

为 + 행동 이유 + 술어	为 + 수익자 + 술어⁵⁾
무슨 이유로 행동하다는 표현	누구를 위하여 행동할 때의 표현

9. 이렇게 작은 일로 화를 내기는!

　　　　　Wèi zhème yī diǎn xiǎoshì / hébì shēngqì ne
　　　　　为这么一点小事, 何必生气呢!

웨이 为 wèi

원인	목적
~때문에	~을 위해
我为你生病。	你为谁学习?

연유 · 이유를 나타내는 전치사-

웨이 为 wèi	요우위 由于 yóuyú	웨이(러) 为(了) wèi(le)
~때문에	~때문에, ~로 인하여	~를 (하기) 위하여

10. 좋아요! 당신이 다 대답해 낸 바에야 나는 당신을 받아들이겠다.

　　　　Hǎo le / jìrán nǐ dōu huídá shànglai le / wǒ jiù bǎ nǐ shōuxià
　　　　好了! 既然你都回答上来了, 我就把你收下。

既然 A 那/就 B	因为 A 所以 B
A는 하나의 사실인데 이 사실은 쌍방이 모두 알고 있는 것이다. B는 A로부터 얻은 추론으로 중점은 B에 있다(주관성) [추론성의 인과복문] 기왕에 A한 이상 B하다	A는 원인을 나타내고 B는 결과 혹은 결론을 나타낸다(객관성) [설명성의 인과복문]

八. 他因为有事,所以不能来。　129

11. 밖에 비가 내린 이상 샤오 진은 테니스 치러 가지 않을 것이다.

> Jìrán wàibiān xiàyǔ le / Xiǎo Jīn jiù bùhuì qù dǎ wǎngqiú le
> 既然外边下雨了, 小金就不会去打网球了。

既然	~	就	…
	(사실)		(결론)

날씨 용어

fēng 风	yǔ 雨	yún 云	xuě 雪	wù 雾	shuāng 霜	lèi 雷	shǎn diàn 闪电	gān zào 干燥	cháo shī 潮湿
바람	비	구름	눈	안개	서리	천둥	번개	건조	습기

qíngzhuǎn duōyún 晴转多云	fēngxiàngnán zhuǎnběi 风向南转北	fēnglìsānsìjí 风力三四级	zuìdī(gāo)qìwēn 最低(高)气温	jiàngshuǐgàilǜ 降水概率
맑다가 구름이 많아지다	풍향이 남에서 북으로 변하다	풍속 3, 4급	최저(고)기온	강수량

12. (기왕에) 그 스스로 원한 바에야 우리가 막을 수 있겠어요?

> Jìrán tā zìjǐ yuànyi / wǒmen hái néng zǔzhǐ ma
> 既然他自己愿意, 我们还能阻止吗?

원인	결과	원인·결과	인과의 추론[6]
因为	所以	因为~所以	既然
由于	因此	由于~因此	既是

• A 기본회화 2 B •

A. 샤오 진 / 쭈이찐 전머 쩌머 융궁 너
   Xiǎo Jīn / zuìjìn zěnme zhème yònggōng ne
   小金,最近怎么这么用功呢?
   (샤오 진, 요즘 왜 이렇게 열심이지)

B. 웨이러 카오쌍 따쉬에 / 워 쩡짜이 핀밍 얼 쉬에시
   Wèile kǎoshàng dàxué / wǒ zhèngzài pīnmìng ér xuéxí
   为了考上大学,我正在拼命而学习。
   (대학에 합격하기 위해서 기를 쓰고 공부하는 중이다)

13. 중국어를 배우기 위해서 우리는 중국에 왔다.

　　　Wèile xuéxí Hànyǔ / wǒmen láidào Zhōngguó
　　　为了学习汉语,我们来到中国。

인웨이 因为 yīnwèi	웨이러 为了 wèile
인과관계 因为~所以	행위의 목적 为了 + 술어 + 목적어

14. 건강 유지를 위해 무엇을 하세요.

　　　Wèile bǎochí jiànkāng / nǐ dōu zuò xie shénme
　　　为了保持健康,你都做些什么?

바오츠 保持 bǎochí	지엔츠 坚持 jiānchí	웨이츠 维持 wéichí
(원래의 상태) 지키다, 유지하다	(주장을) 견지하다, 고수하다	(관계 질서 등) 유지하다

八. 他因为有事,所以不能来。

15. 독자들이 편리하도록 책 끝에 연대표를 붙였다.

Wèi fāngbiàn dúzhě qǐjiàn / shū mò fù le niándàibiǎo
为方便读者起见, 书末附了年代表。

웨이 为 wèi7)	≥	웨이러 为了 wèile
행동의 원인과 목적을 나타낸다 행동의 대상을 나타낼 수 있다 为~而/起见 ~을 위하여		주로 행동의 목적을 나타낸다 행동의 대상을 나타낼 수 없다 为了~,… ~하기 위해서 …하다

16. 그가 학습에 노력하는 것은 좋은 성적을 얻기 위해서 이다.

Tā nǔlì xuéxí / wèideshì qǔdé hǎo chéngjī
他努力学习,8) 为的是取得好成绩。

为~, …	~, 为的是…9)
~하기 위해서 …하다	~하는 것은 …하기 위해서이다

누리 努力 nǔlì	찐리 尽力 jìnlì
힘을 들여 하다 (과정에 중점을 둔다)	모든 힘을 다하다 (결과를 가리킨다)

17. 뜻밖의 사고가 생기지 않도록 안전에 주의해라.

Yào zhùyì ānquán / yǐmiǎn fāshēng yìwài
要注意安全, 以免发生意外。

소극적 목적	적극적 목적
以免/免得/省得 ↓	为了/为的是/为~起见

B 以免/免得/省得 A	B, 好/好让 A	B, 以便/以 A
A하지 않도록 B하다 목적의 회피 (원치 않는 일)	A할 수 있도록 B하다	A하도록 B하다

B, 以便 A[10)	B, 以 A
목적을 더욱 쉽게 실현함을 나타낸다	목적만을 나타낸다 以＋이음절동사＋A
A할 수 있도록(B는 A하기 위해서 이다)	

八. 他因为有事,所以不能来。

제8과 주해

1)

好+동사	
~하기 좋다	~하기 쉽다
好看　　好吃　　好听	好学　　好做　　好办
예쁘다 / 맛있다 / 듣기 좋다	배우기 쉽다 / 만들기 쉽다 / 처리하기 쉽다

难+동사	
~하기 좋지 않다	~하기 어렵다
难看　　难吃　　难听	难学　　难做　　难办
예쁘지 않다 / 맛없다 / 듣기 싫다	배우기 어렵다 / 만들기 어렵다 / 처리하기 어렵다

2) "因为~所以…"는 "~때문에 그래서 …하다"는 의미를 나타내는 복문으로, '因为'가 이끄는 부분은 원인을, '所以'가 이끄는 부분은 결과를 나타낸다. 또한 '因为'와 '所以'가 모두 단독으로 쓰일 수 있다. '因为는 원인이나 이유를 먼저 말할 경우에는 "~때문에"라는 뜻이고 원인이나 이유를 나중에 말할 때는 "왜냐하면~때문이다"라는 뜻이다. 예: 因为下雨了, 所以我没去。/ 我没去, 因为下雨了。

접속사의 역할
병렬　가정　인과　선택　조건　전환　점층

3)

인과관계 강조	전후관계 중시
인츠 因此 yīncǐ	위쓰 于是 yúshì
앞에서 말한 원인에서 얻은 결론(결과)를 나타낸다 因为/由于+因此	뒤의 일이 앞의 일로 말미암아 바로 이어서 일어남을 나타낸다 보통 단독으로 쓰인다

4)

요우 由 yóu				
1	2	3	4	5
시간 장소의 기점	발전 변화의 기점	동작의 경과·노선	원인	행동의 주체

요우 由 y u + [행동의 주체]	뻬이 被 b i + [행동의 주체]
동사는 처치의 의미가 없다	동사는 처치의 의미를 가진다
목적성이 강한 편이다	목적성이 강하지 않다

전치사 '由(~가)'는 행동의 주체를 끌어내며 명사와 함께 쓰인다. 행동을 받는 대상이 문장 앞에 쓰여 주어가 되거나 동사 뒤에 쓰여서 목적어가 된다. 예: A.运费由我来付.(운송료는 내가 낼게) / B. 要做什么, 由你来决定.(무엇을 할 것인지 네가 결정해라)

A	행동을 받는 대상	由	행동을 하는 대상	(来)+동사
B	由	행동을 하는 대상	(来)+동사	행동을 받는 대상

5) 我为他帮忙。   我给他帮忙。

为 + [ ] + 술어	给 + [ ] + 술어
1. (원인/목적) 2. 수익자(대상)	1. 수익자/수해자/접수자 2.(동사 给 명사)

6) 구절 하나가 전제조건을 제시하면 또 다른 구절은 전제조건으로부터 추론해 낼 수 있는 결과를 나타낸다. 이러한 복문을 추론관계의 인과복문이라고 한다.

7) '为'를 '给'이나 '替'로 바꿀 수 있는 문장에는 '为了'를 쓸 수 없고 '为了'를 쓸 수 있는 곳은 모두 '为'로 바꾸어 쓸 수 있다.

为+원인(○)/为+목적(○)	为了+목적(○)
为+수익자(○)	为了+수익자(×)

웨이 为(4성) wèi	웨이 为(2성) wéi
~을 위해서이다 / ~에게 / ~을 위해서 ~때문에	하다 / ~로 삼다 / ~로 변하다 ~이다 / ~에 의하여 ~가 되다

8) 형용사는 주로 술어와 한정어가 되지만 어떤 형용사는 직접 부사어가 되기도 한다.

认真工作	努力学习	早来	多练习

9) '为的是'는 어기가 더욱 강하며 뒤 구절의 문두 혹은 주어 앞에 온다.

为的是	是为了	好让	以便

八. 他因为有事, 所以不能来。   135

10) 접속사 '以便'은 "~하기 위해서"의 뜻으로 목적관계를 나타내는 복문에 쓰이고 뒷 문장의 앞에 쓰여 말하는 목적이 쉽게 실현될 수 있게 함을 나타낸다. '以'는 '以便'보다 더 문어체이다.

~, 이삐엔 以便 yǐbiàn …	~, 웨이더쓰 为的是 wèideshì …
앞에서 그렇게 한 것이 뒤에서 말한 일을 더욱 쉽게 실현되도록 하기 위한 것임을 나타낸다	앞에서 그렇게 한 목적을 보충 설명한다
앞에서 언급한 일은 보통 아직 완성되지 않은 건의 혹은 계획이다	앞에서 언급한 일은 보통 이미 완성되었거나 진행 중이다

九. 如果没有钱, 就无法维持生活。

• A 기본회화 1 B •

A. 루구오 뿌 망 더화 / 워 칭 니 칸 띠엔잉 전머양
   Rúguǒ bù máng dehuà / wǒ qǐng nǐ kàn diànyǐng zěnmeyàng
   如果不忙的话, 我请你看电影怎么样?
   (만약 바쁘지 않다면 내가 너에게 영화를 보여주려고 하는데 어떠니)

B. 웨이선머 / 니 투란 야오 칭 워 칸 띠엔잉 너
   Wèishénme / nǐ tūrán yào qǐng wǒ kàn diànyǐng ne
   为什么, 你突然要请我看电影呢?1)
   (왜 갑자기 나에게 영화 보여주려고 하는데)

rúguǒ yàoshi	jiǎrú	tǎngruò	ruò	yào
如果 / 要是	假如	倘若	若	要

(~的话) +

就/那么/那/便
만일 ~ 곧, 바로

[가설관계]

전환식가설복문

jíshǐ yě	jiùshì yě	jiù yě	zòngrán yě	nǎpà yě
即使~也	就是~也	就~也	纵然~也	哪怕~也

~하더라도

[전환관계]

1. 만약 돈이 없다면 생활을 해나갈 수 없다.

Rúguǒ méiyǒu qián / jiù wúfǎ wéichí shēnghuó
如果没有钱, 就无法维持生活。

~할 수가 없다		~하기 어렵다
우프아 无法 wúfǎ	메요우 빤프아 没有办法 méiyǒu bànfǎ	난이 难以2) nányǐ

웨이츠 维持 wéichí	≤	바오츠 保持 bǎochí
반드시 노력하거나 필요한 수단을 취하여 원래의 상태가 바뀌지 않도록 하다		원래의 (좋은) 상태를 지속해 나가다
维持关系 维持秩序 维持世界和平		保持(友好)关系 保持(安静的)秩序 保持世界和平

2. 만약 일이 없으면 우리는 내일 오지 않겠다.

Rúguǒ méiyǒu shì dehuà / wǒmen míngtiān jiù bù lái le
如果没有事的话, 我们明天就不来了。3)

관련 부사의 위치

如果~	我们	明天	就	…
	주어	시간부사	관련 부사4)	

3. 이 방법대로 한다면 틀림없이 성공하게 됩니다.

Rúguǒ ànzhào zhège bànfǎ qù zuò / kěndìng chénggōng
如果按照这个办法去做，肯定成功。

안쨔오 按照 ànzhào	건쮜 根据 gēnjù
주로 행위의 방법·요구·계획과 관련된 사항에 따라 어떻게 한다 상황·도리·계절 등 폭 넓게 쓴다5)	어떤 상황에 따라 결론을 얻거나 판단하거나 행동을 한다 (동작이나 판단의 근거)6)

4. 비가 온다면 우리는 가지 않는다.

Yàoshi xiàyǔ / wǒmen jiù bú qù le
要是下雨，我们就不去了。

찌우 就 jiù

下雨，就不去。↓ 要是下雨，就不去。	看见你就高兴。↓ 一看见你就高兴。

5. 만일 하루 더 연기할 수 있다면 이일을 완성할 자신이 있다.

Yàoshi nénggòu zài yánqī yī tiān / wánchéng zhège gōngzuò shì yǒu bǎwò de
要是能够再延期一天，完成这个工作是有把握的。

바워 把握 bǎwò	장워 掌握 zhǎngwò
잡다, 움켜쥐다, 포착하다 (자신 가망 성공의 가능성)	장악하다, 숙달하다, 파악하다 (기술 정찰 상황 방법 지식 등)

九. 如果没有钱，就无法维持生活。

6. 설사 그가 아무리 바쁘더라도 반드시 올 것이다.

Jíshǐ tā zài máng / yě yīdìng huì lái de

即使他再忙，也一定会来的。

전환식가설복문과 전환복문

뒤 구절이 모두 앞 구절의 의미와 연관되어 말하는 것이 아니라, 내용상의 전환이 있다	
차이점	
전환식가설복문 [앞]가설＋[뒤]가설	전환복문 [앞]현실적＋[뒤]현실적

7. 설사 당신이 갈지라도 나는 가지 않으려고 한다.

Jíshǐ nǐ qù / wǒ yě bù qù

即使你去，我也不去。

취 去 qù	조우 走 zǒu
특정한 목적지를 향해서 간다는 의미로 목적어가 나타나는 경우에 쓴다 목적어가 생략된 경우에도 "그곳으로 가다"는 의미가 내포되어 있다	더 이상 이곳에 있지 않고 '떠나다'는 의미로 어디로 가는지를 말하는 것이 아니라, 단지 '이곳에서 떠난다'는 점을 나타내는 경우에 쓴다

即使 A, 也 B	如果 A, 就 B
A는 가설이고 B는 결과이다	
A와 B는 전환관계이다	A와 B는 전환관계가 아니다

8. 설령 3퍼센트 할인한다하더라도 이 가격은 싸지 않다.

Jísǐ yǒu bǎi fēn zhī sān de zhékòu / zhège jiàgé háishì bù piányi
即使有百分之三的折扣,7) 这个价格还是不便宜。

지스 即使 jìshuǐ	찌우쓰 就是 jiùshì	진관 尽管 jǐnguǎn

+

也/还是
~라 하더라도 / 그래도 ~8)

9. 내가 보기에 당신이 이렇게 한다하더라도 누구드 동의하지 않을 것이다.

Wǒ kàn nǐ jiùshì zhème zhe / shéi yě jué bùhuì tóngyì nǐ
我看你就是这么着, 谁也决不会同意你。

가정 + 순접/역접(전환)	기정(사실) + 순접/역접(전환)
要是花很多钱, 就能买到好的。 만일 돈을 많이 낸다면 좋은 물건을 살 수 있다.	既然花了很多钱, 就应该买到好的。 돈을 많이 낸 이상은 좋은 물건을 살 수 있었을 것이다.
就是花很多钱, 也买不到好的。 설사 돈을 많이 너어도 좋은 물건을 살 수 없다.	虽然花了很多钱, 可是并没买到好的。 비록 돈을 많이 냈지만 별로 좋은 물건은 사지 못했다.

九. 如果没有钱, 就无法维持生活。

10. 설령 모두가 가지 않더라도 나는 구보하러 갑니다.

Nǎpà dàjiā dōu bù qù / wǒ yě yào qù pǎobù
哪怕大家都不去, 我也要去跑步。

설사 ~하더라도
哪怕 ≥ 即使·就是
↖ (구어체)
"설령 ~하더라도 문제가 되지 않는다"는 뉘앙스

11. 나는 일을 못할지언정 거기서 일하지는 않겠다.

Wǒ nìngyuàn bù gōngzuò yě bù qù nàr gōngzuò
我宁愿不工作也不去那儿工作。

> nìngkě 宁可 / nìngyuàn 宁愿 / nìngkěn 宁肯
> 차라리 ~할지언정(…하지 않겠다)9)

• A 기본회화 2 B •

A. 워 쥐에더 한위 뿌 하오 쉬에   Wǒ juéde Hànyǔ bùhǎo xué
我觉得汉语不好学。
(나는 중국어가 배우기 쉽지 않다고 생각한다)

B. 수이란 한위 난 쉬에 / 이에 시왕 니 런전 더 쉬에
Suīrán Hànyǔ nán xué / yě xīwàng nǐ rènzhēn de xué
虽然汉语难学, 也希望你认真地学。
(중국어가 배우기 어렵더라도 당신이 열심히 배우기를 바란다)

비록 ~이지만, 그러나		설령 ~일지라도	
虽然 虽说 尽管 固然 倒是	但是/可是/却…	即使 即便 就是 就算 哪怕	也/那么…

전환관계

12. 비록 월급은 적지단 나는 이 일을 좋아한다.

Suīrán wǒ gōngzī xiǎo / wǒ què xǐhuan zhège gōngzuò

虽然我工资小, 我却喜欢这个工作。

사실의 양보	가정의 양보
虽然/虽说~但是/可是/倒/却/还	即使/就是~也
비록 ~이지만 그러나 이미 일어난 일에 대해서 쓴다	설령 ~일지라도 아직 일어나지 않은 가설의 상황이나 일반적인 상황에 쓴다

취에 却 què	딴 但 dàn
(부사) 주어 뒤 대비각계/주관성분 오히려	(접속사) 주어 앞 전환관계/객관성분 그러나

주어의 위치 10)

주어 + 虽然 ~ 但是 …	虽然 + 주어 ~ 但是 …
앞뒤 구으 주어가 같을 때	앞뒤 구의 주어가 다를 때

九. 如果没有钱, 就无法维持生活。

13. 왕씨는 비록 돈이 있지만 도리어 인색하다[깍쟁이다].

Wáng xiānsheng suīrán yǒu qián / kěshì què hěn xiǎoqì
王先生虽然有钱, 可是却很小气。

요우 有 yǒu

소유의 의미	존재의 의미
사람(A) 有 사람/사물(B)	장소(A) 有 불특정한 사람/사물(B)
A는 B를 가지고 있다 A는 B가 있다11) 我有中国朋友。	A에 B가 존재한다 A에 B가 있다12) 你家有几口人?

부사(전환의 어기)

dào(倒) · kě(可) > què(却)

상반 · 대립 · 차이 · 강조 등

14. 그렇게 많은 비가 왔음에도 불구하고 그는 역시 왔다.

Jǐnguǎn yǔ xià de zhème dà / dànshì tā háishi lái le
尽管雨下得这么大, 但是他还是来了。

진관 尽管 jǐnguǎn ~ 但是/可是 …	뿌관 不管 bùguǎn ~ 都/也 …
접속사로서 단어나 문장을 이어준다	
뒤에 오는 내용이 확정적이고 발생한 것이다	뒤에 오는 내용이 불확정적이고 발생하지 않은 것이다
≒ 虽然	≒ 无论

15. 생활 조건이 나쁘더라도 나는 신경 쓰지 않아요. (대수롭지 않게 생각해요)

Jǐnguǎn shēnghuó tiáojiàn tài chà / wǒ yě bùzàihu
尽管生活条件太差, 我也不在乎。

진관 尽管 jǐnguǎn	
접속사13)	부사14)
비록~일지라도, ~임에도 불구하고 ≒ 虽然	믄껏, 실컷, 서슴없이 ≒ 只管

부짜이후 不在乎 bùzàihu	부짜이이 不在意 bùzàiyì	부찌에이 不介意 bùjièyì	우수오웨이 无所谓 wúsuǒwèi
개의치 않다			상관 없다

16. 당신 스스로 결정한 바에야 계속 분발해야 합니다.

Jìshì nǐ zìjǐ juédìng le / jiù yīnggāi jiānchí xiàqu
既是你自己决定了, 就应该坚持下去。

虽然~, 但是…	既然/既是~, 就…
비록 ~이지만 그러나 …이다	이미 이렇게 된 바에야, ~한 이상 …하다

쯔지 自己 zìjǐ	런쟈 人家 rénjiā
어떤 특정인을 가리킨다 정해지지 않은 임의의 사람을 가리킨다 명사나 대명사 뒤에 쓰여 강조한다	다른 사람을 가리킨다: 남(다른 사람) 임의의 사람을 가리킨다: 그 사람, 그 말하는 사람 자신을 가리킨다: 나(친밀감)

九. 如果没有钱, 就无法维持生活.

17. 하기는 합니다만 잘 못 해요.

Huì shì huì / dànshì bùtài hǎo
会是会, 但是不太好。

```
┌─────────────────────────────────┐
│          A 是 A15)              │
│                                 │
│   비록 A일지라도, A하긴 합니다만 │
│      A是A, 但是/可是/不过…       │
│            [전환]               │
└─────────────────────────────────┘
                ↑
```

먼저 어떤 사실을 인정하거나 긍정하고 바로 어기를 전환하여
핵심적인 의미를 표현할 때 사용한다

A 是 A …	A 就 A …
[양보]	[용납]
有是有, 但是不多。	写就写, 你以为我不会吗?
있지만 많지는 않아요.	쓰라면 쓰지 뭐, 내가 못할 줄 알아.

	(어기의 강도)	
딴쓰 但是 dànshì >	커쓰 可是 kěshì >	부꾸오 不过 bùguò
'虽然''尽管'과 호응	×	×
단어·단어결합을 연결	×	×
×	(부사) 참으로, 대단히	(부사) 다만, 겨우

18. 이 옷은 아주 예뻐요, 단지 비쌉니다.

   Zhè jiàn yīfu hěn hǎokàn / jiùshì yǒudiǎnr guì
   这件衣服很好看, 就是有点儿贵。16)

전환복문 앞뒤 구의 관계

대립적·모순적	상대적
虽然~但是(可是)… 尽管~但是(可是/然而/还是)… [전환의 어기가 가장 강하다] '但是' '可是' '然而'만 쓰면 어기는 좀 완화된다	'단지'라는 의미로 뒷 구에 '不过' '只是' '就是' '只不过' 등을 써서 앞에서 말한 것의 일부를 부정하거나 예외적인 것을 덧붙여 말한다 의미상의 불일치를 강조하지 않는다

九. 如果没有钱, 就无法维持生活。

제9과 주해

1)

투란 突然 tūrán	후란 忽然 hūrán
형용사	부사
(부사어·관형어·술어·보어)	(부사어)
他的病来得有点儿突然。(O)	他的病来得有点儿忽然。(×)
'很'이나 '不'의 수식을 받을 수 있다	忽然 < 猛然 (기세가 강함)

2) 난이 难以 nányǐ

难以维持	难以置信	难以避免	难以想像
유지하기 어렵다	믿기 어렵다	피하기 어렵다	상상하기 어렵다

3) '了'는 조건이나 상황을 나타내는 가정문 다음에 쓰여 앞의 조건이나 상황 아래에서 당연히 어떠하다는 것을 나타낸다. 또한 동사 앞에 '不'를 와 함께 쓰여 '了'는 "더 이상은 ~하지 않겠다"는 의지를 나타낸다.

4) 관련 부사(就, 却, 也, 还 등)는 반드시 주어 뒤에 두어야 하고 보통 시간부사 뒤에 둔다.

5) 按照计划, 工作进行得很顺理。(계획에 따라 일이 순조롭게 진행되었다) 我们每天按照课程表上课。(우리는 매일 시간표대로 수업을 합니다) 按照我说的去做。(내 말대로 하시오)

~에 따라, ~대로

ànzào 按照	yīzào 依照	zūnzhào 遵照	běnzhe 本着
= 按着 照着 按说	법률조항	존경하는 감정의 뜻 "그대로 한다"	어떤 준칙에 의거
동작을 진행하는 준칙이나 근거를 나타내며 '따라' '좇아' 등의 뜻이다			

6) '根据' 뒤에 규정·법률·경험·의견 등의 의미를 지닌 어휘가 나올 경우 '按照'로 바꿀 수 있다. 예: 根据天气豫报, 今天有雷震雨。(일기예보에 의하면, 오늘은 번개를 동반한 비가 온다고 합니다) '根据' 뒤에 행위(즉 사람이 어떤 행위를 한 다음에 얻은 결론)를 의미하는 어휘가 나올 경우 '按照'로 바꿀 수 없다.

7)

다저 打折 dǎzhé
할인하다 / 에누리해서 ~ 하다
打~折(扣)
바겐세일 : 打8折(20% 할인), 打7折(30% 할인)

8) 앞의 문장에 어떤 사태·상황을 인정해 가면서도 뒤의 문장에서 그것에 반대되는 행위·상태를 서술하는 구문이다.

9)

是~还是…	不是~就是…	与其~不如…	宁可~不如…	宁可~决不…
~아니면 …하다	~하지 않으면 …하다 ~0·니면 …이다	~하기보다는 …하는 것이 더 낫다	차라리~할지언정 …하지 않다	차라리~할지언정 결코 …하지 않다

10) '虽然'은 앞 구 주어의 앞이나 뒤에 쓰인다. 앞뒤구의 주어가 같을 경우, 주로 주어의 뒤에 두어 두 개의 구를 이끈다. 앞뒤구의 주어가 다를 경우, '虽然'은 주로 주어 앞에 두고 주어가 가를 경우 주어 앞에 둔다. '但是'는 반드시 뒤 구의 맨 앞(주어 앞)에 둔다.

11)

소유와 존재	
사람 + 有 + 사물·장소	사람·사물 + 在 + 장소
我有电脑。 나는 컴퓨터를 가지고 있다.	他在家。 그는 집에 있다.

12)

존재의 의미	
장소 + 有 + 사람·사물	장소 + 是 + 사람·사물
사물이 어디에 존재하는지를 나타낼 때 쓰인다 桌子上有一本书。 책상위에 책이 한 권 있습니다.	말하는 사람이 어떠한 사물이 어디에 존재하는지, 또한 이 사물이 무엇이라는 것까지 나타낼 때 쓰인다 一屋子都是人。 방안 가득 사람이 있습니다.
장소 + 有 + 불특정의 사람 혹은 사물	
특정의 사람 혹은 사물 + 在 + 특정의 장소	
장소 + 是 + 불특정·특정의 사람 혹은 사물	

13) 앞의 문장에 서술한 내용에 대해서 뒤의 문장에서 그것과 상반되는 내용을 서술할 때 쓰이는 접속사가 '虽然'과 '尽管'이다. '尽管'은 양보의 의미일 때에도 쓰인다.

14) 뒤에 나오는 동사는 부정형을 쓸 수 없으며 동태조사를 동반할 수 없다. 예: 你有什么问题, 尽管问他好了!(무슨 문제가 있으면 얼마든지 물어도 좋다)/ 你如果有困难, 尽管对我说.(만일 어려움이 있으면 서슴없이 내게 말하시오)

15) '是'의 앞뒤에 같은 뜻의 동사와 형용사를 넣어 "~하기는 하나" "그건 그렇지만~"의 뜻으로 양보의 의미를 나타낸다. 대화중에 상대방의 의견에 일부 동의하면서 또 약간 다른 의견을 보충하여 제시할 때 "A是A, 但是/可是/不过"의 형식으로 나타낸다.

16) '就是'는 '단지'라는 의미로 뒷 구에 쓰여 앞 구의 내용을 가볍게 전환할 때 쓰인다.

十. 只有年轻人才能理解年轻人。

• A 기본회화 1 B •

A. 즈요우 니엔칭런 차이 넝 리지에 니엔칭런
   Zhǐyǒu niánqīngrén cái néng lǐjiě niánqīngrén
   只有年轻人才能理解年轻人!
   (젊은 사람만이 젊은 사람을 이해할 수 있어요)

B. 워 뿌 이웨이 란   Wǒ bù yǐwéi rán
   我不以为然。(난 그렇게 보지 않아요)

조건의 종류

가정조건	소극적 조건 유일조건	적극적 즈건 충분조건	무조건식
(앞)	只有~才 除非~才	只要~就	不管~都 无论~都
	~라야 만이 …하다 조건의 필연성 강조	~하기만 한다면 …하다 결과의 필연성 강조	~든 관계없이 ~를 막론하고

[일을 이루기가 어려운 조건 ➡ 일을 이루기가 쉬운 조건]

1. 이 방법을 채택해야 환경 문제를 해결할 수 있다.
   Zhǐyǒu cǎizǔ zhège bànfǎ cái néng jiějué huánjìng wèntí
   只有采取这个办法才能解决环境问题。1)

huánjìng 环境	jiāotōng 交通	gōngzī 工资	fángzū 房租	dàikuān 贷款
환경	교통	임금	집세	대여금

2. 한번 맛보아야만 일상 가정요리의 맛을 알 수 있다.

Zhǐyǒu cháng yi cháng cái néng zhīdao jiāchángcài de wèidao
只有尝一尝才能知道家常菜的味道。

mǐfàn 米饭	jiǎozi 饺子	miàntiáo 面条	mántou 馒头	bāozi 包子	hànbǎobāo 汉堡包	bǐsàbǐng 比萨饼	règǒu 热狗
(쌀)밥	교자	국수	찐빵	찐빵	햄버거	피자	핫도그
			(소가 안 든)	(소가 든)			

솬 酸 suān	티엔 甜 tián	쿠 苦 kǔ	라 辣 là	시엔 咸 xián	딴 淡 dàn
신맛	단맛	쓴맛	매운맛	짠맛	담백한 맛

3. 당신이 나의 조건을 승낙해야만 나는 당신에게 말하겠다.

Chúfēi nǐ dāyìng wǒ de tiáojiàn / wǒ cái gàosu nǐ
除非你答应我的条件,我才告诉你。

只有~才	除非~才
오직 ~만 正面: 이러한 조건이 있어야 한다	반드시 ~해야만 反面: 이러한 조건이 없어서는 안 된다
(어감의 차이)	

4. 반드시 네가 나를 초대해야지, 그렇지 않으면 나는 안 간다.

Chúfēi nǐ qǐng wǒ / fǒuzé wǒ bù qù
除非你请我,否则我不去。

除非~才…	除非~否则/要不然…
반드시~해야만, 그래야 비로소…	오직 ~해야지, 그렇지 않으면 …

5. 당신이 가기만 하면 나는 바로 간다.

> Zhǐyào nǐ qù / wǒ jiù qù
> 只要你去，我就去。

필수조건	충분조건
只有 A, 才 B	只要 A, 就 B
A는 조건이고 B는 결과이다	
반드시 조건 A가 있어야 결과 B가 있게 된다2) 只有努力学习, 才能取得好成绩。	조건 A가 있으면 반드시 결과 B가 있게 된다3) 只要努力学习, 就能取得好成绩。

6. 늘상 신체를 단련하기만 하면 체질을 증강시킬 수 있을 것이다.

> Zhǐyào jīngcháng duànliàn shēntǐ / jiù huì zēngqiáng tǐzhì
> 只要经常锻炼身体，就会增强体质。

pǎobù 跑步	chángpǎo 长跑	tàijíquán 太极拳	yóuyǒng 游泳	jiànshēncāo 健身操
구보	장거리 달리기	태극권	수영	보건 체조

징창 经常 jīngcháng 항상	왕왕 往往 wǎngwǎng 때때로	창창 常常 chángcháng 늘, 항상
어떤 상황이 늘상 존재하고 출현함을 나타낸다 他往往(常常/经常)工作到深夜。		
연속성 규칙성 있는 동작 부정형: '不经常' '经常不' 请你经常来。(○)	일정한 규율성, 주로 과거 부정형 없음 请你往往来。(×)	상황 조건의 제약 없음 부정형: '不常' 请你常常来。(○)

十. 只有年轻人才能理解年轻人。

7. 당신이 관련 회사에 관한 상황을 알려고 하면 인터넷에 접속하면 된다.

Rúguǒ nǐ xiǎng zhīdao yǒuguān zhè jiā gōngsī de zhuàngkuàng / zhǐyào shàngwǎng jiù xíng le
如果你想知道有关这家公司的状况, 只要上网就行了。

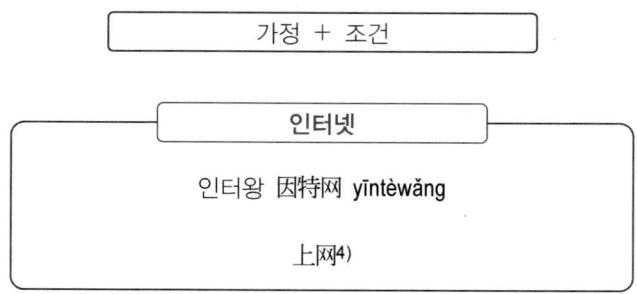

8. 비가 내리기만 하면 운동회는 거행이 연기된다.

Zhǐyào tiān xiàyǔ / yùndònghuì jiù yánqī jǔxíng
只要天下雨, 运动会就延期举行。

既然 A 那/就 B	因为 A 所以 B
비가 내린 바에야 운동회는 거행이 연기된다. 既然天下雨, 运动会就延期举行。	비가 내려서 운동회는 거행이 연기되었다. 因为天下雨, 所以运动会延期举行。

(既然)下雨, 我就不去了。	(如果)下雨, 我就不了。	(只要)下雨, 我就不去。	(只有)下雨, 我才不去。
비가 온 이상 나는 가지 않겠다.	비가 오면 나는 가겠다.	비가 오기만 하면 나는 안 간다.	비가 와야 나는 안 간다.

•A 기본회화 2 B•

A. 우룬 워 취 후오저 니 취 / 중데이 취 이 거
   Wúlùn wǒ qù huozhě nǐ qù / zǒngděi qù yī ge
   无论我去或者你去, 总得去一个。
   (내가 가든 혹은 네가 가든 꼭 한 사람이 가야 해)

B. 워 취 너 후오저 니 취 너 / 따오 스호우 짜이 수오 바
   Wǒ qù ne huòzhě nǐ qù ne / dào shíhou zài shuō ba
   我去呢, 或者你去呢, 到时候再说吧。
   (내가 가든 혹은 네가 가든 그 때 가서 다시 얘기해요)

9. 네가 학교에 가든 말든 나는 반드시 가려고 한다.

   Bùguǎn nǐ qù bu qù xuéxiào / wǒ yīdìng yào qù
   不管你去不去学校, 我一定要去。

   不管 긍정+부정 + 부사 (总/都/一定 …)
   ↳
   동사+不+동사
   (형용사+不+형용사)

10. 아무리 어려워도 버티어나가야 한다.

    Bùguǎn zěnme nán / yě yào jiānchí xiàqu
    不管怎么难, 也要坚持下去。

    不管 + 怎么

十. 只有年轻人才能理解年轻人。

복합방향보어의 운용5)

주어	술어	(보어)	
(주체자)	동작	(방향보어)	(방향보어)
	일반적인 방향동사	上/下/进/出 回/过/起	来/去 ↵

자신에게 다가오는/멀어지는 동작

↑

走	跑	跳	飞	搬	抬
zǒu	pǎo	tiào	fēi	bān	tái

11. 오늘 아무리 바빠도 나는 이 자료를 다 보아야 한다.

Bùguǎn zěnme máng / wǒ yě yào bǎ zhège cáiliào kànwán
不管今天怎么忙，我也要把这个材料看完。

무조건식			
不管/无论/不论	~		都/也/总/反正
↑			
선택의문문 형태	정반의문문 형태		의문대명사 형태
A 还是/或是 B	긍정＋부정		什么/多么/怎么 등

12. 밤이든 낮이든 조금도 소홀히 할 수 없다.

Wúlùn báitiān háishi hēiyè / yīdiǎnr yě bù néng dàyi
无论白天还是黑夜，一点儿也不能大意。

```
            háishi  还是
无论 A  +   huòshi  或是  +  B  +  부사 (总/都/一定…)
            huòzhě  或者
```

따이 大意 dàyi	마후 马虎 mǎhu
소홀하다, 부주의하다	소홀히 하다, 건성건성하다

13. 그는 온종일 술 마시고 어떤 일도 하려고 하지 않는다.

Tā zhěngtiān hējiǔ / wúlùn shénme gōngzuò dōu bùxiǎng zuò

他整天喝酒，无论什么工作都不想做。

```
无论 + 의문사 + 부사(总/都/一定 …)
```

인랴오 饮料 yǐnliào[6)]

niúnǎi 牛奶	kāfēi 咖啡	chá 茶	kělè 可乐	qìshuǐ 汽水	píjiǔ 啤酒
우유	커피	차	콜라	사이다	맥주

14. 무슨 일을 하든지 충분히 준비를 잘해야 한다.

Wúlùn zuò shénme shì / dōu gāi zuòhǎo chōngfèn de zhǔnbè

无论做什么事，都该做好充分的准备。

충주 充足 chōngzú	충프언 充分 chōngfèn
충만하다, 잘 갖추어졌다	
물질·시간 방면 (enough)	정신·의식 방면 (모든 방면을 다 고려하는)

十. 只有年轻人才能理解年轻人。

15. 우리 노인들은 모두 다른 경험을 가지고 있다.

Fánshì wǒmen niánlǎorén dōu yǒu bùtóng de jīngyàn
凡是我们年老人都有不同的经险。7)

凡是~都…	任~都…	再~也…
무릇 ~한 것은 모두 … 하다	~을 막론하고 ~에 관계없이	아무리 ~하더라도 …하다

인과관계	전환관계	조건관계	가설관계	양보관계
因为~所以~	虽然~但是~	只有~才~	如果~就(那么)~	即使~也~
因为~	尽管~但是~	只要~就~	要~就~	哪怕~也~
所以~	反而~	不论~都~	要不是~就~	就算~也~
由于~		无论~也~	没有~就没有~	再~也~
既然~就~			假如~就~	
			不~不~	

제10과 주어

1)

zhǐyǒu 只有	zhǐyào 只要	zhǐshì 只是	zhǐhǎo 只好
오직 ~해야만	다만 ~하기만 하면	다만 ~일 뿐이다	다만 ~하는 수밖에 없다

2) 제시하는 하나의 조건이 반드시 충족되어야만 그 일이 이루어질 수 있음을 나타낸다. 즉 다른 조건이 다 충족되었을지라도 그 하나의 조건이 충족되지 않으면 그 일은 이루어지기 어렵다는 것을 강조한다.

3) 제시하는 조건만 충족되면 된다는 의미로, 그 일이 이루어지는 것이 결코 어렵지 않다는 사실을 강조한다. 다른 조건 하에서도 이러한 결과가 나타날 수 있음을 배제하지 않는다.

4) 주요 인터넷(뉴스)사이트

rénmínwǎng 人民网	xīnhuáwǎng 新华网	zhōnghuáwǎng 中华网	zhōngxīnwǎng 中新网	guāngmíngwǎng 光明网	dōngfāngwǎng 东方网	wǎngyì 网易
人民日报	新华社	china.com	chinanews.com	光明日报	eastday.com	163.com

5) 단순방향보어와 목적어의 위치

동사·장소목적어·보어(来/去)	[명령문]동사·목적어·来/去	동사·보어(来/去 이외)·목적어
我回宿舍去了。 나는 기숙사로 돌아갔다.	倒一杯水来。 물 한 잔 따라와.	喝下一杯水。 물 한 잔을 마시다.

복합방향보어와 목적어의 위치

동사·방향·장소목적어·방향(来/去)	동사·방향·일반목적어·방향(来/去) 동사·방향·방향(来/去)·일반목적어	동사·방향·목적어·방향(来/去)
他跑进教室去了。 그는 교실 안으로 뛰어 들어갔다.	走进一个人来。 走进来一个人。 한 사람이 걸어 들어온다.	我说起话来。 말하기 시작하다.
	아직 미발생 : 동사+보어+목적어 이미 발생 : 동사+보어+목적어	이합사와 복합방향보어가 함께 쓰일 경우, 목적어는 복합 방향보어 사이에 둔다 唱起歌来。 노래하기 시작하다.

十. 只有年轻人才能理解年轻人。

6) 　　　　　　　　　　　　　중국의 명차

lóngjǐngchá	wūlóngchá	yínzhēnbáiháo	yúnwùchá	pǔ'ěrchá
龙井茶	乌龙茶	银针白毫	云雾茶	普洱茶
mòlìhuāchá	zhuānchá	jūnshānyínzhēnchá	tiěguānyīnchá	qíménhóngchá
茉莉花茶	砖茶	君山银针茶	铁观音茶	祁门红茶

중국의 명주

máotái	wǔliángyè	gǔjǐnggòngjiǔ	fēnjiǔ
茅台	五粮液	古井贡酒	汾酒
dǒngjiǔ	shàoxìngjiǔ	yánghédàqū	kǒngfǔjiājiǔ
董酒	绍兴酒	洋河大曲	孔府家酒

7) 부사 '凡是'는 일반적으로 주어 앞에 놓여 주어가 말하는 모든 것을 포함한다는 의미를 나타내는데 보통 '都' '就' '没有不' 등과 함께 쓰인다. 凡是我们都有不同的经验. (×)

十一. 他的发音又清楚又流利。

> • A 기본회화 1 B •
>
> A. 나거 하오   Nǎge hǎo
>   哪个好? (어느 것이 좋아요)
> B. 쩌거 이에 하오 / 나거 이에 하오   Zhège yě hǎo / nàge yě hǎo
>   这个也好, 那个也好。(이것도 좋고 저것도 좋아요)

연합복문1)			
몇 가지 관련되는 사물을 이야기하기도 하고	한 사물의 몇 가지 방면을 진술하기도 하고	정반 되는 두 사물을 이야기하기도 하고	한 사물을 긍정하고 다른 한 사물을 부정하기도 한다

1. 그의 발음은 또렷하고 유창하다.

Tā de fāyīn yòu qīngchu yòu liúlì

他的发音又清楚又流利。

yòu(又)A yòu(又)B	yě(也)A yě(也)B
~하고 또 …하다, ~하면서 또 …하다	~도 …도
두 가지 성질이나 상황이 동시에 존재함을 나타낸다 두 가지의 비중이 같다	
A, B에 동사나 형용사가 온다	A, B에 주로 동사가 온다2)

⬇

又说又笑(○)/又高又大(○)	也说也笑(×)/也高也大(×)
단어결합(구)이 될 수 있다	단어결합(구)이 될 수 없다
"주어＋술어"로 된 술어문에 쓸 수 없다 -	"주어＋술어"로 된 술어문에 쓸 수 있다 我汉语也学过, 日语也学过。

2. 이 설비는 전기를 절약하고 인력도 절약한다.

Zhège shèbèi jì jiéyuē diànqì yòu jiǎnshǎo rénlì

这个设备既节约电气又减少人力。

jì(既)A yòu(又)B	jì(既)A yě(也)B
~하고 또 …하다, ~하면서 또 …하다 두 가지 성질이나 상황이 동시에 존재함을 나타낸다 B 에 비중이 있다	
AB에 동사나 형용사가 온다	AB에 주로 복잡한 동사구가 온다

3. 그는 중국어를 알고 일어를 안다.

Tā jì dǒng Zhōngwén / yě dǒng Rìwén

他既懂中文, 也懂日文。

동작・성질・상황이 동시에 존재

又 A 又 B	也 A 也 B	既 A 又 B	既 A 也 B
~이기도 하고 …이기도 하다 동일 주어	~도 하고 …도 하다 다른 주어	~이기도 하고 …이기도 하다 동일 주어	~이기도 하고 …이기도 하다 동일 주어
동사/형용사	동사	동사/형용사	동사

4. 그는 자주 소설을 쓰고 이따금 시도 좀 쓴다.

Tā chángcháng xiě xiǎoshuō / ǒu'ěr yě xiěxie shī
他常常写小说, 偶尔也写写诗。

오우얼 偶尔 ǒu'ěr3)	오우란 偶然 ǒurán4)
어떤 동작이나 행동이 간혹 일어나며 그 횟수가 적음을 나타낸다 간혹	어떤 동작이나 행동의 발생이 필연적이 아닌 우연적임을 나타낸다 우연하게
↕	↕
징창 经常 jīngcháng	삐란 必然 bìrán

5. 나는 어법을 가르치고 그도 어법을 가르친다.

Wǒ jiāo yǔfǎ / tā yě jiāo yǔfǎ
我教语法, 他也教语法。

~, yě(也)…	~, hái(还)…
두 가지 동작이나 상태가 같다는 의미 我喜欢音乐, 他也喜欢音乐。	동일인이 두 가지 다른 일을 하는 경우 我喜欢音乐, 还喜欢运动。

~, yě(也)…	~, yòu(又)…
일반적으로 다른 주어를 쓰며, 다른 사람의 동작과 같은 동작을 반복할 때 昨天他来了, 今天我也来了。	일반적으로 하나의 주어를 쓰며, 이전 동작의 반복의 의미를 가진다 他昨天来了, 今天又来了。

十一. 他的发音又清楚又流利。

6. 새 며느리는 온종일 울었고 머리도 빗지 않고 얼굴도 씻지 않고 밥도 먹지 않았다.

         Xīn xífù kū le yī tiān yī yè / tóu yě bù shū / liǎn yě bù xǐ / fàn yě bù chī
         新媳妇哭了一天一夜, 头也不梳, 脸也不洗, 饭也不吃。

7. 그는 몸이 좋지 않은 것이 아니라 마음이 편치 않은 것이다.

         Tā bùshì shēntǐ bùhǎo / érshì xīnqíng bùhǎo
         他不是身体不好, 而是心情不好。5)

~이 아니라 …이다		~이 아니면 …이다
不是~而是…	≠	不是~就是…6)
不是身体不好, 而是心情不好. (병렬)		不是身体不好, 就是心情不好. (선택)

8. 그들은 노래하며 춤을 춘다.

         Tāmen yīmiàn chànggē / yīmiàn tiàowǔ
         他们一面唱歌, 一面跳舞。

한편으로 ~하고 한편으로 …하다 / ~하면서 …하다

yībiān(一边)~yībiān(一边)…	yīmiàn(一面)~yīmiàn(一面)…
구체적인 동작에만 쓰인다 술어가 단음절 동사일 경우 '边'으로 줄여 쓴다	추상적인 동작에도 쓰인다

9. 숙제를 하면서 음악을 듣는다.

Yībiān zuò zuòyè / yībiān tīng yīnyuè
一边做作业, 一边听音乐。

又~又…	一边~一边…7)
두 가지의 상황이 함께 존재하는 것으로 "~하기도 하고 …하기도 하다"라는 의미	두 가지 이상의 동작이 같은 장소에서 함께 진행되어 "~하면서 …하다"라는 의미

10. 경제를 발전시켜야 하면서 한편으로는 문화를 발전시켜야 한다.

Yīfāngmiàn yao fāzhǎn jīngjì / yīfāngmiàn yào fāzhǎn wénhuà
一方面要发展经济, 一方面要发展文化。

一边(一面)~一边(一面)…	一方面~(另)8)一方面…
~하면서 …하다 동일 주어 혹은 다른 주어를 써서 두 가지 동작이 행해지는 시간성을 나타낸다	한편으로 ~하고 (다른) 한편으로 …하다 동시에 공존하는 두 가지 방면

11. 날씨가 추웠다 더웠다 합니다.

Tiānqì yīhuìr lěng yīhuìr rè
天气一会儿冷一会儿热。

> 이후얼 一会儿 yīhuìr
>
> 잠시, 잠깐
> 一会儿~一会儿… 잠시 ~하다가 잠시 …하다
> 두개의 상황이 번갈아 나타난다는 의미이다

十一. 他的发音又清楚又流利。

12. 먼저 샘플을 보고 난 다음에 결정하겠어요.

Wǒ xiān kànkan yàngpǐn / ránhòu zài juédìng
我先看看样品, 然后再决定。

부사 …	접속사	부사
(首)先 …	然后9)	再/又/还

순서에 의해 연속해서 출현하는 동작·상황

시엔 先 xiān ~하고서 +				덩 等 děng ~하고서 +		
就/便	再	才	接着	就	再	才
곧 ~하다	그 다음에 ~하다	비로소 ~하다	이어서 ~하다	곧 ~하다	그 다음에 ~하다	비로소 ~하다

13. 나는 매일 퇴근하자마자 집에 갑니다.

Wǒ měitiān yī xiàbān jiù huíjiā
我每天一下班就回家。10)

메이 每 měi11) (every)	꺼 各 gè (each)
每+양사[각종 양사를 쓸 수 있다]	各+양사[비교적 제한적이다] 位 项 门 种 등
每+명사[한정] 人 家 年 月 日 星期 周 등	各+명사[비교적 많다]
개체들의 공통점 중시	개체들의 차이점 중시

yī(一)~jiù(就)…	
하나의 동작이나 상황이 발생한 후, 곧이어 다른 동작이나 상황이 발생함을 나타낸다	어떤 동작이나 상황이 발생하면 예외 없이 곧 이어서 또 다른 동작이나 상황이 발생함을 나타낸다
~하자마자 …하다	~하기만하면 곧 …한다
我一看就明白。 나는 보자마자 알았습니다. (시간적인 긴밀성)	一到春天, 迎春化就开了。 봄이 오견 개나리가 핀다. (조건과 결과)

14. 그는 숙제를 다 하고 자러 갔다.

Tāmen zuòwán le zuòyè jiù qù shuìjiào le
他做完了作业就去睡觉了。

一 ~ 就 …	了 ~ 就 …
~하자마자 …하다	~하고나서 …하다

병렬관계	연속관계	선택관계
又~又…	先~再…	不是~就是…
既~又…	先~接着…	或是~或是…
一边~一边…	先~然后…	是~还是…
一面~一面…	一~就…	要么~要么…
一方面~一方面…	了~就…	与其~不如…
也~也…		宁可~也不…
不是~而是…		宁愿~也不…

十一. 他的发音又清楚又流利。

• A 기본회화 2 B •

A. 쉬에러 한위 / 니 샹 요우 선머 용 너
　　Xué le Hànyǔ / nǐ xiǎng yǒu shénme yòng ne
　　学了汉语, 你想有什么用呢?
　　(중국어를 배우고서 (중국어가) 어떤 쓸모가 있다고 생각하나요?)

B. 워 이에 뿌 즈따오 / 딴쓰 쯔사오 워 후이 러 이 중 와이구오위
　　/ 얼치에 이에 즈다오 러 이디얼 중구오 원화
　　Wǒ yě bù zhīdào / dànshì zhìshǎo wǒ huì le yī zhǒng wàiguóyǔ /
　　érqiě yě zhīdao le yīdiǎnr Zhōngguó wénhuà
　　我也不知道。但是, 至少, 12) 我会了一种外国语,
　　而且也知道了一点儿中国文化。
　　(잘 모르지만 적어도 한 가지 외국어를 할 수 있게 되었고 또한
　　중국문화를 좀 알게 되었어요)

15. 당신의 홈페이지는 내용도 풍부하고 (디자인도) 예뻐요.

　　　Nǐ de wǎngzhàn bùdàn nèiróng fēngfù / érqiě zuò de hěn piàoliang
　　　你的网站不但内容丰富, 而且做得很漂亮。

　　비단 ~일뿐만 아니라(게다가) …하기도 하다 / ~하고 게다가 …하다

점층관계	
A	B
부딴(不但)bùdàn	얼치에(而且)érqiě 13)
↓	↓ ↑
뿌진(不仅)bùjǐn	삥치에(并且)bìngqiě
뿌즈(不只)bùzhǐ	이에(也)yě
뿌꽝(不光)bùguāng	하이(还)hái
뿌진진(不仅仅)bùjǐnjǐn	선쯔(甚至)shènzhì
바꿔 쓸 수 있으며 의미는 기본적으로 같다	
(A는 생략할 수 있다14) 생략하면 의미는 약화된다)	

16. 교통카드는 버스는 물론 지하철을 탈 때도 이용할 수 있어요.

Jiāotōngkǎ bùjǐn kěyǐ yòng yú gōnggòngqìchē / érqiě zuò dìtiě shí yě kěyǐ shǐyòng
交通卡不仅可以用于公共汽车,而且坐地铁时也可以使用。

쭈오 坐 zuò			치 骑 qí	
dìtiě 地铁	gōnggòngqìchē 公共汽车	chūzūchē 出租车	zìxíngchē 自行车	mótuōchē 摩托车
지하철	버스	택시	자전거	오토바이

17. 봄이 되었는데 날씨는 따뜻하지 않고 도리어 좀 춥다.

Chūntiān dào le / tiānqì bùdàn bù nuǎnhuo / fǎn'ér yǒudiǎnr lěng
春天到了,天气不但不暖和,反而有点儿冷。

┌─────── 의미상의 전후 대비 ───────┐
│ 부딴(不但)/뿌진(不仅) + 不/没 A, 反而 B~ │
│   (부정사)   ↓   │
│ 부딴(不但)/뿌진(不仅) + 不/没 A, 还 B~   │
│   바꿔 쓸 수 있다   │
└──────────────────────────────────┘

'一点儿'과 '有点儿'15)

이디얼 一点儿 yīdiǎnr 조금	요우디얼 有点儿 yǒudiǎnr 좀
주로 명사 수식, 양이 적음 형용사 뒤, 정도가 경미함 약간 더 ~하다	동사 형용사 앞, 정도가 경미함 대부분 어떤 것에 대한 평가가 만족스럽지 않다는 의미16) 좀 ~하다 ~한 편이다
형용사+(一)点儿 동사+(一)点儿+(명사) 慢一点儿 买一点儿菜	有点儿+형용사/동사 有点儿难 他有点儿喜欢上了他。
약간 조금 등 소량 양사(관형어, 코어)	조금, 약간, 다소 부사(부사어, 술어)

十一. 他的发音又清楚又流利。

18. 나 이외에 다른 사람도 영화를 보러 갔다.

Chúle wǒ yǐwài / bié de rén yě qù kàn diànyǐng le

除了我以外, 别的人也去看电影了。

추러 除了 chúle

除了 A, 还 B[17]	除了 A, B 也	除了 A, B 都
~이외에도 …하다	~외에 ~도	~제외하고 ~모두
A, B 모두 가능하다는 것이다 [주로 동사 혹은 동사구]	A, B 모두 어떤 일을 하고 있거나, 모두 어떤 상태에 처해 있는 것을 나타낸다 [주로 명사 혹은 명사구]	B는 어떤 일을 하거나 어떤 상태에 있지만 A는 그렇지 않음을 의미한다 [주로 명사 혹은 명사구]

제11과 주해

1)

병렬관계 연속관계 점층관계 선택관계	인과관계 전환관계 조건관계 가정관계 목적관계
연합복문	편정복문

2) 앞뒤로 병용해서 병렬되어 있는 것을 모두 강조할 때 동일한 형용사의 긍정·부정 형식인 경우에도 쓴다.
예: 今天这事儿也好也不好。

3)

bùshí 不时	ou'ěr 偶尔	yǒushí 有时	jīngcháng 经常	shícháng 时常
때때로 종종	이따끔	때때로 때로는	자주	늘

4)

~, 也…	~, 还…	不是~(而)是…	不~也不…
(상동)	(첨가)	~하는 것이 아니라 …이다 (반박, 수정) 他不是服务员, 是客人。	~하지도 않고 …하지도 않다 (적당함) 今天不冷也不热。

5) 这次中国出差, 不是你去, 就是我去。(이번 중국 출장은 너 아니면 내가 간다)

不是~就是…	或者~或者…
양자택일 둘 중에 하나를 반드시 선택해야 한다	둘 중에 하나를 선택할 수 있으나 이 두 가지 외에 다른 것을 선택할 수도 있다

6)

一边~一边…	时而~时而…
두 가지 동작이 동시에 진행될 때	서로 다른 현상이나 시간이 일정한 시간 내에 번갈아 발생함을 나타낸다

7) 링 另 lìng

(부사) 따로, 그밖에 = 另外	(대명사) 다른 것 = 另的
주로, 另+단음절 동사 (말한 바의 범위 이외의 것)	주로, 另+수량사 (말한 범위 이외의 사람과 사물)

비에더 別的 biéde	링 另 lìng
보통 하나 이상, 뒤에 수량사가 없다	한 가지(부분), 뒤에 수량사가 온다
많은 것 중에서 말한 것을 제외한 것	두 가지(부분) 중에서 말한 것 이외에 남은 다른 한 가지(부분)

8)

호우라이 后来 hòulái	츠호우 此后 cǐhòu	란호우 然后 ránhòu
시간의 선후를 강조 이미 발생한 일 开始/起先/起初+后来	시간의 연관성을 강조 이미 발생한 일 보통 단독으로 쓰인다	동작·상황의 발생 순서를 강조, 과거 혹은 장래의 일 首先/先+然后

9) 두 가지 동작이 긴밀하게 이어져 발생함을 나타낸다. '一'와 '就'는 모두 주어 뒤에 위치한다.

10) 메이 每 měi

每 + 명사 + 都	每 + (수)량사	每 + 동사
每人都~	每次~	每打一次电话付一块钱

11) 추측을 나타내는 부사

지후 几乎 jīhū	치마 起码 qǐmǎ	쯔두오 至多 zhìduō	쯔사오 至少 zhìshǎo	이에쉬 也许 yěxǔ
거의	최소한	최대한	적어도	아마도

12)

얼치에 而且 érqiě	얼 而 ér
흔히 '不但' '不仅'과 배합한다 점층관계	단독으로 쓰인다 전환·연속 관계

13) '不但'은 항상 '而且' '并且' '也' '还' 등과 서로 호응되어 쓰이며 그 뜻은 "뿐만 아니라"라는 말이다. '不但'은 생략될 수 있으나 '而且' '也' 등은 생략될 수 없다. 예: 不但他想去,而且我也想去.(그는 가려고 하였을 뿐만 아니라 나도 가려고 한다)

…	而且 但是 那么	주어	也 却 就	…

14) '一点儿'은 '有点儿'보다 더 적음을 나타내고 부정문에서도 쓰인다. '有点儿'는 부정문에 쓰이지 않는다. 구어에서 문두가 아닐 경우에 '一点儿'의 '一'는 생략될 수 있다.

15) "어떤 기준에 약간 차이가 있다"는 느낌을 나타낸다. 좋지 않은 내용에 자주 쓰인다. 어떤 기대치나 기준에 못 미치는 경우에 쓴다. 형용사 앞에서 쓰여 대개 상황이 여의치 않아 다소 "불만스러운 느낌"을 나타낼 때 쓰인다. '一点儿'은 형용사 뒤에 놓이며 객관적인 정도를 나타낸다.

요우띠얼 有点儿 yǒudiǎnr			
동사구조로서 수량이 그다지 많지 않거나 정도가 심하지 않음을 나타낸다		부사로서 약소하고 경미함을 나타내며 여의치 못한 상황에 많이 쓰인다	
+			
따 大 dà	꾸이 贵 guì	망 忙 máng	위엔 远 yuǎn
크다	비싸다	바쁘다	멀다

16) 추러 除了 chúle

除了 A, 还 B	除了 A, 还是 A
A, B 모두 가능	A 외에 다른 것은 없음 (혐오·불만)

17)

A에다 B를 보충	A를 제외하고 B가 모두 일치
除了A(以外), B 还/也~	除了A (以外), B 都/全~
除了唱歌, 我还会跳舞。 除了小李, 小王、小张也想去公园玩。	除了小李, 他们都想去公园玩。

十二. 老师叫你来。- 被他叫了回来。

> **• A 기본회화 1 B •**
>
> A. 싸위 더 르즈 / 챵 링 런 간따오 요우초우
>   Xiàyǔ de rìzi cháng lìng rén gǎndào yōuchóu
>   下雨的日子, 常令人感到忧愁。
>   (비오는 날은 사람을 우수에 잠기게 한다)
>
> B. 선머 리요우 / 니 즈다오 마   Shénme lǐyóu nǐ zhīdao ma
>   什么理由, 你知道吗? (무슨 이유인지 아세요)

| A | jiào(叫)/ràng(让)/shǐ(使)/lìng(令) | (B) | 동사 |

~에게(로 하여금) ~하게 하다! ~하도록 시키다¹⁾

1. 선생님께서 오시래요.

Lǎoshī jiào nǐ lái
老师叫你来。

老师	请/叫/让/要		你	来
S	+ V	+	O	
			S	+ V

사역	사역·(피동)	
스 使 shǐ	랑 让 ràng	쨔오 叫 jiào
사역의 전용어이다 '使'뒤의 술어로 흔히 '感动' '高兴' '满意' 등이 很 十分 非常 등의 부사와 함께 쓰인다	'让'은 일인칭대명사 '我' '我们'을 실행자로 하여 "~자 합시다"라는 뜻으로 풀이 된다	- 叫他拿来! 그더러 가지러 오게 해라!

2. 선생님은 우리에게 본문을 외우라고 하셨다.

Lǎoshī jiào wǒmen bèi kèwén
老师叫我们背课文。

zuò zuòyè 做作业	bèi kèwén 背课文	xiě hànzì 写汉字	shàngkè 上课	kànshū 看书	kǎoshì 考试
숙제하다	본문을 외다	한자를 쓰다	수업하다	책을 읽다	시험치다

겸어문2)

문장 전체의 주어	문장 전체의 술어		
주어1	동사1	겸어	술어
	请 让 叫 使 要	목적어 겸 주어2 (명사/대명사)	동사2 (목적어)

3. 오늘 돈을 너무 많이 쓰게 하였습니다.

Jīntiān ràng nǐ pòfèi le
今天让你破费了。

랑 让 ràng

양보하다	시키다	당하다
让一让	(사역)	(피동)

4. 제가 몇 마디 말하도록 [허락]해 주십시오.

Qǐng ràng wǒ shuō jǐ jù huà ba
请让我说几句话吧!

사역	→	허락
	让3)	

5. 그는 내가 콘서트에 못 가게 하였다.

Tā bù ràng wǒ qù yǎnchànghuì
他不让我去演唱会。

주어	부사 (부정부사) 능원동사	동사1	~	동사2	…

6. 이렇게 해야 비로소 사람을 만족시키게 된다.

zhèyàng cái shǐ dàjiā mǎnyì
这样才使大家满意。

만이 满意 mǎnyì	만주 满足 mǎnzú	충주 充足 chōngzú
흡족하다	만족하다, 만족시키다	충분하다

7. 눈앞에 일어난 많은 일들은 그에게 많은 감개를 불러일으켰다.

Dāngqián fāshēng de xǔduō shìqing / shǐ tā chǎnshēng hěn duō gǎnchù
当前发生的许多事情, 使他产生很多感触。

간쏘우 感受 gǎnshòu	간샹 感想 gǎnxiǎng	간추 感触 gǎnchù
느낌, 체득	감상, 소감	감개, 감동

8. 비오는 날은 사람으로 하여금 많이 생각하게 하고 심리 상태를 안정되게 한다.

Yǔtiān néng lìng rén duō sīxiǎng / shǐ xīnlǐ ānjìng xiàlai
雨天能令人多思想,4) 使心理安静下来。

안찡 安静 ānjìng	핑찡 平静 píngjìng	칭찡 清静 qīngjìng
조용하다, 고요하다	평온하다, 조용하다, 차분하다	조용하다, 고요하다

형용사 ＋ **起来/下来**5)

강↑	热闹起来6)	胖起来	硬起来
약↓	安静下来	瘦下来	软下来

● A 기본회화 2 B ●

A. 니 전머 러 / 웨이선머 쿠   Nǐ zěnme le / wèishénme kū
   你怎么了? 为什么哭? (너 왜 울어?)

B. 워 뻬이 피엔 러   Wǒ bèi piàn le
   我被骗了。(나 속았어)

피동문

1.	주어	被/叫/让/给	(목적어)	동사	기타 성분7)
	수익자/피해자		실행자		
	~는 ~에 의해 ~이 되다					
2.	被/叫/让/给가 없는 의미상의 피동문도 있다				
	동작의 대상＋(동작의 주체)＋동사＋기타				

9. 그에게 불려 돌아왔다.

   Bèi tā jiào le huílái
   被他叫了回来。

주어	被	목적어	동사	방향보어8)

十二. 老师叫你来。-被他叫了回来。

10. 나는 아버지에게 한바탕 꾸중 들었다.

Wǒ bèi bàba shuō le yī dùn
我被爸爸说了一顿。

나무라다		말하다, 알려주다9)
수오 说 shuō	수오 说 shuō	까오수 告诉 gàosu
질책하다, 비난하다 说+사람	~을 말하다 说+말의 내용	누구에게 ~을 말하다 이중목적어
사람 被~说 피동	跟/和~说 ~와 말하다 对~说 (일반적인 사실을 전하다)	我想告诉你一件事儿。

11. 이 방법은 이미 사람들에게 채택되었다.

Zhè zhǒng fāngfǎ yǐjīng bèi rénmen cǎiyòng le
这种方法已经被人们采用了。

주어	被	목적어	동사	了/过10)

차이용 采用 cǎiyòng	차이취 采取 cǎiqǔ	차이나 采纳 cǎinà
채택하여 사용하다	방침 정책 수단 형식 태도 등을 채택하여 사용하다	요구 건의 의견 등을 받아들이다

12. 나는 여태까지 다른 사람에게 속은 적이 없다.

Wǒ cónglái méi bèi biérén piàn guo

我从来没被别人骗过。

과거의 한 시기부터 지금까지

총 从 cóng	총라이 从来 cónglái	썅라이 向来 xiànglái	리라이 历来 lìlái
从+不/未 부정문	부정문/긍정문	긍정문/부정문	긍정문

13. 나는 호기심에 사로잡혔다.

Wǒ bèi hàoqíxīn (suǒ) qūshǐ

我被好奇心(所)驱使。11)

동작의 대상+被/为(wéi)+동작의 주체+所+동사
[주어]　　　　　　　　　　　[목적어]

'所'는 '被/为'와 호응하여 피동을 강조한다12)

14. 급료를 깡그리 다 써버렸다.

Gōngzī bèi huājǐn le

工资被花尽了。

주어	被	동사	…
실행자가 나타나지 않은 피동문13)			

十二. 老师叫你来。-被他叫了回来。

15. 그 책은 아직 대출 되지 않았다.

Nà běn shū hái méi bèi jièzǒu le
那本书还没被借走了。

주어	부정부사 시간부사 也 都 …	被	… 14)

16. 내 지갑을 도둑맞았다.

Wǒ de qiánbāo gěi (rén) tōuzǒu le
我的钱包给(人)偷走了。15)

被/给	叫/让
동작의 주체 없이 직접 동사와 결합하기도 한다 衣服给淋湿了。	동작의 주체 없이 쓸 수 없다 他叫雨淋湿了。
주어 被/给 (목적어) 동사 기타성분	주어 让/叫 목적어 동사 기타성분

17. 하마터면 차에 치일 뻔하였다.

Chàdiǎnr jiào qìchē gěizhá le
差点儿叫汽车给轧了。

'被'와 '叫'让'의 차이16)

피동	피동·(사역)	
bèi 被	jiào 叫 / ràng 让	gěi 给
보통 서면어에 쓰인다	주로 구어에 쓰인다	(연용 가능)

'被'자문	'把'자문
어기조사 '着'는 쓸 수 없다 동사중첩을 할 수 없다	어기조사 '过'는 쓸 수 없다 동사중첩을 할 수 있다
가능보어는 쓸 수 없다 동사 앞에 '给'를 써서 어기를 강조할 수 있다17)	

18. 그 계획은 이미 승인되었습니다.

Nàge jìhuà yǐjīng pīzhǔn le
那个计划已经批准了。

의미상의 피동문18)

(주어)
동작의 주체
▽
동작의 대상＋(능원동사)＋동사＋동태조사(了/过)

이징 已经 yǐjīng	청증 曾经 céngjīng
"동사+了"와 함께 쓰인다 부정형식1: 已经－不 부정형식2: (还)+没 직접 수량사를 수식한다 이미, 벌써	"동사+过"와 함께 쓰인다 부정형식1: 不曾, 未曾 부정형식2: (从来)+没+동사+过 ／ 일찍이, 이전에
객관적 사실	과거에 있었던 사실

제12과 주해

1) 우리말로는 사역의 표현이 어색하지만 중국어에는 습관적으로 많이 사용한다. '使'는 명령문에 사용하지 않는다. 부정부사 '不'와 조동사는 '让'·'叫'의 앞에 둔다.

쨔오 叫 jiào	랑 让 ràng	스 使 shǐ	링 令 lìng	칭 请 qǐng	파이 派 pài	취엔 劝 quàn
~하도록 하다, ~하게 하다				부탁하다, 초빙하다	파견하다	권하다

2) 술어가 두 개의 동사로 이루어져, 앞 동사의 목적어가 뒤 동사의 주어이기도 한 문장을 겸어문(兼语文)이라 한다. 겸어문에는 사역의 의미를 나타내는 것, 요청의 의미를 나타내는 것, 호칭 또는 인정(认定)의 의미를 나타내는 것, 심리 활동을 나타내는 것, 주어가 없는 것 등이 있다. 겸어문에는 보통 첫 번째 동사 뒤에 동태조사(了, 着, 过)를 둘 수 없고 조동사는 첫 번째 동사 앞에 둔다.

겸어문에 자주 쓰이는 동사

사역	심리 활동	판단 · 소유
让 请 叫 使 …	喜欢 讨厌 欣赏 …	是 有 没有 …

겸어문		
술어동사가 '请' '叫' '让' '使' 등이 온다. 즉, 청구·명령·인도 등의 의미에 많이 쓰인다	술어동사 뒤에 있는 대상이 사람과 사물로 한정된다	술어동사와 겸어의 사이에는 쉬거나 부사어를 둘 수 없다

3) 여기서 사역동사 '叫'는 (어떤 동작이나 작용을 일으키는 것에 대해) "용인한다"는 의미이다.

4) 추상적인 어떤 동작을 하도록 명령하는 경우보다, 구어에서 구체적인 동작을 나타내는 경우에 자주 쓰인다.

5)   링런 令人 lìngrén

令人满意	令人感动	令人佩服	令人不耐烦
사람을 만족시키다	사람을 감동시키다	사람을 탄복시키다	사람을 짜증나게 하다

6)   "형용사+起来/下来"와 "동사+起来/下来"의 비교

형용사	起来	적극적인 의미를 지닌 형용사 뒤
	下来	소극적인 의미를 지닌 형용사 뒤

동사	起来	동작이 시작되어 계속 진행됨을 나타낸다 동작의 완성이나 목적의 달성을 나타낸다
	下来	동작을 통해 사람이나 사물이 고정되어 사라지지 않도록 한다는 의미

(동작의 완성 혹은 결과)

7)   러나오 热闹 rènao

형용사	동사	명사
시끌벅적하다	신나게 즐거워하다	구경거리

8) 일반적으로 회화에서 '被'를 쓰는 피동문이 잘 쓰이지 않는다. 그러나 반드시 '被'를 쓰는 피동문이 사용되는 경우도 있다. 즉, 뭔가 의도한 바와 다르거나 피해를 입었을 경우 이러한 '불이익'의 의미를 나타낸다.

      불행한 일이나 바라지 않은 일이 발생한 경우
      의미를 정확히 전달하여 오해 소지를 없애기 위한 경우

피동문에는 '讨厌' '认识' '觉得' '感到' '感觉' '相信' '怕' '同意' '看见' '听见'… 등의 심리 활동이나 인지 상태를 나타내는 동사를 쓸 수 있다. 동태조사 '了' '过'와 보어·목적어·부사어 등이 기타성분으로 쓰인다.

9)   단순방향보어와 복합방향보어

	上 오르다	下 내리다	进 들다	出 나다	回 돌다	过 지나다	起 일어나다	开 열다	到 이르다
来 오다	上来 올라오다	下来 내려오다	进来 들어오다	出来 나오다	回来 돌아오다	过来 지나오다	起来 일어나다	开来 열다	到(장소)来 ~로 오다
去 가다	上去 올라가다	下去 내려가다	进去 들어가다	出去 나가다	回去 돌아가다	过去 지나가다	-	-	到(장소)去 ~로 가다

[말하는 사람의 위치]

↳	위	아래	안	밖	원래 위치	여기	-	-	여기

'被' 피동문에서는 방향보어 외에도 결과보어, 정도보어, 시량보어, 동량보어가 쓰인다
가능보어는 쓸 수 없다

10)

수오 说 shuō	까오수 告诉 gàosu
说+말한 내용(O)	告诉+말한 내용(O)
说+말한 사람(×)	告诉+말한 사람(O)

11) '被' 피동문에 동태조사 '着'는 쓸 수 없다. 예: 那一本书被他拿着。(×) / 他拿着那一本书。(O)

12)
> 동사 앞의 조사 '所'는 동사가 일음절인 경우 생략할 수 없다
> 동사 앞의 조사 '所'는 동사가 이음절인 경우 생략할 수 있다

예: 大家为歌声(所)吸引了。(모두 노랫소리에 매혹되었다)

13) '所' 뒤에는 흔히 2음절 동사가 오며, 동사 뒤는 다른 성분이 올 수 없다.

수오 所 suǒ

所+동사	被/为~所	所~的
명사성 어구	피동	문장성분

14) 실행자가 표현되지 않은 피동문: '让' '叫' '给'는 주로 회화체에 쓰인다. '被' '给' 뒤에 동작·행위의 주체(목적어)를 생략할 수 있으나 '让' '叫' 뒤에는 반드시 그 주체를 나타내야 한다.

15) 능원동사 부정부사 시간부사는 '被' '让' 앞에만 쓸 수 있다.

16) '被'자문에서 '被' '给'는 '让' '叫'와 서로 바꾸어 쓸 수 있다. 단, '被' '给' 뒤에는 행위자(목적어)를 강조할 필요가 없을 때 생략할 수 있지만, '让' '叫' 뒤에는 반드시 행위자(목적어)를 생략할 수 없다.

17) '被'자문에서 '被'자의 위치에 피동을 나타내는 단어 '叫' '让' '给'를 쓸 수 있는데 흔히 사역 외에 피동을 나타낼 수 있으므로 구분해야 한다.

쨔오 叫 jiào

부르다	시키다	당하다
A 叫 B	(사역)	(피동)

18) 의미상으로는 피동문일지라도 전치사를 사용한 피동문의 형태를 취하지 않는 경우가 있다. 동작을 행할 수 없는 것이 주어이고 동사 자체가 피동의 의미가 있을 때 쓰인다. 예: 信已经写好了。(편지는 이미 다 쓰여졌다)

> 동작의 대상 + 被/叫/让 + (목적어) － 给 + 동사 + 기타
> 敌人叫我们给打败了。(○)
> 敌人给我们给打败了。(×)

十三. 我把报看完了.

• A 기본회화 1 B •

A. 칭 바 니먼 더 야오치우 탄탄　Qǐng bǎ nǐmen de yāoqiú tántán
请把你们的要求谈谈。(당신들의 요구사항을 말해보시오)

B. 워프앙 시왕 니프앙 능 게이 워먼 퉁양 더 따이위
Wǒfāng xīwàng nǐfāng néng gěi wǒmen tóngyàng de daiyù
我方希望你方能给我们同样的待遇。
(우리측은 당신측이 우리에게 같은 대우를 해 주시기를 바랍니다)

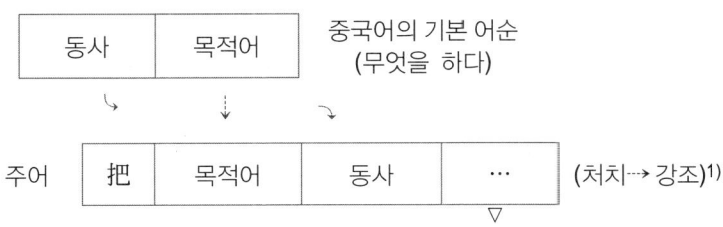

누가 무엇을 어떤 동작으로 어떻게 처치하였나

我看完了那一本书。	我把那一本书看完了。
나는 그 책을 다 보았다. (중점)	나는 그 책을 다 보았다. (중점)

1. 당신은 그 책을 가져오시오!

Nǐ bǎ nà běn shū dàilai ba
你把那本书带来吧!

```
┌─────── 처치문 ───────┐
│ '把'자문, 목적어를 앞으로 가지고 올 때 쓴다 │
│                                              │
│        처리·안배를 나타낸다                  │
│        "~하게 하다"는 뜻                     │
│                                              │
│        주어의 주동성을 강조                  │
└──────────────────────────────────────────────┘
```

'把'자문과 '被'자문의 차이

'把'자문	'被'자문
주어＋把＋목적어＋동사 (시동자)　　(수동자)	주어＋被＋목적어＋동사 (수동자)　　(시동자)
주어가 수동자를 어떻게 처리하였는가를 강조한다	피동을 강조하고 주어가 당하는 상황을 설명한다
시동자는 동작행위의 주체이고 수동자는 동작행위의 대상이다	

2. 이미 숙제를 다 하였다.

Yǐjīng bǎ zuòyè zuòwán le
已经把作业做完了。

(주어)	把	목적어	동사	보어	了/着[3]

이미 발생하였음을 나타내는 부사

yǐjīng 已经	céngjīng 曾经	zǎo 早 / zǎojiù 早就	dōu 都
이미 벌써 객관적 사실	일찍이 이전에 과거어 있었던 사실	미리 이미 오래전에	심지어 벌써 주관적인 놀라는 기분

3. 나는 그 옷을 다 세트하였다.

Wǒ bǎ nà jiàn yīfu gěi xǐwán le
我把那件衣服给洗完了。

把 + 목적어 + [给] - 동사 …4)

4. 당신은 땅 위에 있는 책을 주우시오!

Nǐ bǎ dìshàng de shū jiǎn qǐlai ba
你把地上的书捡起来吧!

주어	把	목적어	동사	보어5)

5. 당신의 의견을 좀 말씀하십시오.

Qǐng bǎ nǐ de yìjian shuōshuo
请把你的意见说说。

(주어)	把	목적어	동사중첩형

6. 그 책을 탁자 위에 놓으시오.

Qǐng nǐ bǎ nà běn shū fàng zài zhuōzi shang
请你把那本书放在桌子上。6)

A 放在 B / B 放着 A7)

물건/사람 ＋ 동사在 ＋ 장소	장소＋ 동사 着 ＋ 물건/사람
那本书放在桌子上。(○) 一本书放在桌子上。(×)	桌子上放着一本书。(○) 桌子上放着那本书。(×)

⬆

A 在 B / B 有 A8)

물건/사람 ＋ 在 ＋ 장소	장소＋ 有 ＋ 물건/사람
那本书在桌子上。(○) 一本书在桌子上。(×)	桌子上有那本书。(×) 桌子上有一本书。(○)

> **방위사의 사용9)**
>
> 他把书放在桌子上面。(○)　他把书放在桌子。(×)

7. 나는 여권과 여행자수표를 소형금고 안에 넣어 두었다.

Wǒ bǎ hùzhào hé lǚxíngzhīpiào fàng zài bǎoxiǎnxiāng li le
我把护照和旅行支票放在保险箱里了。

hùzhào 护照	qiānzhèng 签证	lǚxíng zhīpiào 旅行支票	shēnfēnzhèng 身分证	zhèngjiàn 证件
여권	비자	여행자수표	신분증	증명서

8. 나는 그들을 데리고 방으로 들어섰다.

Wǒ bǎ tāmen dài jìn wūzi li lai le
我把他们带进屋子里来了。

주어	把	목적어	술어동사	복합 방향보어	장소 목적어	…10)

9. 나는 이 한국 돈을 인민폐로 바꾸고 싶습니다.

Wǒ xiǎng bǎ zhè Hánbì huànchéng Rénmínbì
我想把这韩币换成人民币。

Rénmínbì 人民币	Hánbì 韩币	Gǎngbì 港币	Rìyuán 日元	Měiyuán 美元
중국	한국	홍콩	일본	미국
Yīngbàng 英镑	Fǎláng 法郎	Mǎkè 马克	Lúbù 卢布	Lǐlā 里拉
영국	프랑스	독일	러시아	이탈리아

반드시 '把'자문을 써야 하는 경우11)

어떤 특정한 독적어를 어떤 장소로 이등시킬 때	어떤 특정한 목적어의 형태를 변화시킬 때	어떤 특정한 목적어와 관계를 변화시킬 때
예) 把~送到	예) 把~换成	예) 把~交给

┌─ • A 기본회화 2 B • ──────────────────────┐
│ A. 니 바 나 번 수 칸완 러 마   Nǐ bǎ nà běn shū kànwán le ma
│   你把那本书看完了吗。(그 책을 다 보았습니까?)
│ B. 워 하이 메이 바 나 번 수 칸완   Wǒ hái méi bǎ nà běn shū kànwán
│   我还没把那本书看完。(나는 아직 그 책을 다 보지 않았다)
└──────────────────────────────────────┘

10. 그 책을 나에게 빌려주겠습니까?

Qǐng bǎ nà běn shū jiègěi wǒ hǎo ma
请把那本书借给我好吗?

(주어)	把	목적어	동사	결과보어	목적어
				在/到/成/给[12]	

11. 나는 그에게 한 통의 편지를 건네주었다.

Wǒ bǎ nà fēng xìn jiāogěi tā le
我把那封信交给他了。

동사＋결과보어(给)[13]

jiègěi 借给	huángěi 还给	sònggěi 送给	jiāogěi 交给
빌려주다	돌려주다	보내주다	넘겨주다

jìgěi 寄给	zhǎogěi 找给	dìgěi 递给	jiāogěi 教给
부쳐주다	거슬러주다	건네주다	가르쳐주다

[대체로 단음절동사가 '给'와 결합, 두 개의 목적어]

12. 나는 그에게 약을 사주었다.

Wǒ bǎ yào mǎigěi tā
我把药买给他。

给他买一本书。(○) 그에게 책을 사주었다.	买给他一本书。(×)	买一本书给他。(○) 그에게 책을 사주었다.
给他卖一件衣服。(×) 给他交五十块钱。(×)	卖给他一件衣服。(○) 그에게 옷을 팔았다. 交给他五十块钱。(○) 그에게 50원을 건네주었다.	卖一件衣服给他。(○) 그에게 옷을 팔았다. 交五十块钱给他。(○) 그에게 50원을 건네주었다.
给他寄一封信。(○) 그에게 편지를 부쳤다.	寄给他一封信。(○) 그에게 편지를 부쳤다.	寄一封信给他。(○) 그에게 편지를 부쳤다.

13. 학비를 부모님께 돌려주시오.

Qǐng nǐ bǎ xuéfèi huángěi fùmǔ ba
请你把学费还给父母吧。

Fùmǔ 父母	gěi 给14)	wǒ 我	xuéfèi 学费
주어		간접목적어	직접목적어15)

⬇

Wǒ 我	bǎ 把	xuéfèi 学费	huángěi 还给	fùmǔ 父母
주어		직접목적어		간접목적어

14. 나는 오늘 수업을 잘 예습하지 않았다.

Wǒ méi bǎ jīntiān de kè yùxí hǎo
我没把今天的课预习好。

没(有) + 把 …
[부정형]

15. 나는 아직 편지를 보내주지 못했다.

Wǒ hái méi bǎ xìn jìgěi tā
我还没把信寄给他。16)

주어	시간부사 능원동사 부정부사	把	목적어	술어

제13과 주해

1) 전치사 '把'와 그 목적어가 부사어로 쓰인 문장을 '把'자문 혹은 처치문(处置文)이라고 한다. 이는 목적어인 사물에 "행위나 처치를 가했다"는 의미로 "누가/무엇을/어떤 동작으로/어떻게 처치하였는가"를 강조하게 된다. 즉, "주어＋把＋목적어＋동사＋기타성분"의 형식으로 주어가 목적어(사람 사물)에 대해 어떤 동작을 가해 그 목적어에 어떠한 일이 일어났음을 강조하여 설명할 때 쓰인다.

처치문에 쓸 수 없는 동사

소유나 존재 및 판단을 나타내는 말	목적어를 가질 수 없는 말(자동사)	심리적 활동이나 감각을 나타내는 말	방향을 나타내는 말	신체적 동작을 나타내는 말
有 在 是 像	旅行 合作	知道 同意 觉得 希望 要求 看见 听见	上 下 进 出 回 到 过 起	坐 站 立 躺 蹲 睡

2) 주어의 행위로 인해 구체적이고 강력한 영향을 받게 되었음을 표현하는 문장이어야 하므로 그 뒤에 결과의 모습을 나타내는 다른 성분이 동반되어야 한다. 이때 보어(가능보어 제외) 동태조사(了·着) 간접목적어 수량사 동사중첩식 등이 기타성분이 될 수 있다.

3) 동태조사 '过'는 쓸 수 없다. 예: 他把这种水果吃过。(×) / 他吃过这种水果。(○)

4) 동사 앞에 '给'를 써서 처치의 의미를 강조할 수 있다.

5) 결과보어, 방향보어, 정도보어, 시량보어, 동량보어가 쓰인다. 가능보어는 쓸 수 없다.

6) 목적어는 특정한 것, 즉 화자의 마음 속에서 확정된 것이어야 한다. 예: 我把一本书买到了。(×) / 我把那一本书买到了。(○)

7) "A 放在 B"에서 A에 '这本书' '那本书' '我的书'… 등을 쓸 수 있으나 '一本书' '两本书'… 등은 쓸 수 없다. "B 放着 A"에서 A에 '一本书' '两本书'… 등을 쓸 수 있으나 '这本书' '那本书' '我的书'… 등은 쓸 수 없다.

8) "那本书在桌子上。"에서 '书'는 확정된 것이고 "桌子上有一本书。"는 확정되지 않은 것이다. 만약 상대방이 이미 어떤 책인지 안다면 "A 在 B" 구식을 사용하여 어디에 있는지 말해준다. 만약 상대방이 무엇인지 모른다면 "B 有 A" 구식을 사용하여 무엇이 있는지 말해준다.

9) 보통명사가 처소를 표시할 때 반드시 뒤에 방위사를 붙여야 한다.

10) 인민폐의 계산 단위는 '元' '角' '分'이다. 구어체에서는 '块' '毛' '分'을 쓰며 마지막 자리수의 뒤쪽에 '钱'을 덧붙이기도 한다. 또한 마지막 단위는 생략할 수 있다. 예: 15.45 十五元四角五分(钱) / 2.85 两块八毛五

표기 단위	원	10전	전
	위엔 元 yuán	쟈오 角 jiǎo	프언 分 fēn
구어	콰이 块 kuài	마오 毛 máo	프언 分 fēn

11) 술어동사 뒤에 결과보어 '在' '到' '成' '给'가 붙어서 "~을 ~하게 하다"를 표현하는 경우 반드시 처치문을 사용한다. 이러한 예문에서는 '把' 뒤의 대상을 다른 위치에 옮길 수 없다.

12)

~을 위하여	~에게	피동	동사
我给你帮帮忙吧	我给你介绍一下。	书给人撕破了。	我给他一本书。

13)

주어	술어	간접목적어	직접목적어
주체자	행위	사람	사물
워 我 wǒ	쟈오 教 jiāo	타 他 tā	한위 汉语 Hànyǔ

Wǒ	jiāo	tā	Hànyǔ	내가 그에게 중국어를 가르친다.
Tā	jiāo	wǒ	Hànyǔ	그가 나에게 중국어를 가르친다.
Hànyǔ	wǒ	jiāo	tā	중국어라면 내가 그에게 가르친다.
Wǒ	jiāo	Hànyǔ	tā	×
Jiāo	tā	Hànyǔ	wǒ	×
Tā	Hànyǔ	wǒ	jiāo	×
Hànyǔ	jiāo	wǒ	tā	×

14) "동사+给(결과보어)"는 동사가 의미하는 어떤 동작을 통해서 무엇(혹은 사람)을 누구(혹은 조직)에게 주게 될 때 쓰인다. '送' '交' '还' '借' 등과 같이 수여나 전달의 뜻을 가진 동사는 그 자체로 이중목적어를 취할 수도 있고, "동사+给"의 결합 형태로 쓸 수도 있다. [이들을 복합수여동사로 볼 수 있다]

복합수여동사

卖给 买给 拿给 画给 写给 留给
付给 输给 献给 让给 绍介给

15) 술어동사 뒤에 복합방향보어와 장소목적어가 동시에 나타나는 경우 재동적으로 처치문이 된다.

16) '把'자문의 부정은 주로 '没'를 '把' 앞에 둔다. 이 경우 흔히 '没'는 앞에 '还'을 붙여 사용한다. 본래 완성했어야 할 일을 말하고 있는 시점까지 완성하지 못하였으나 곧 완성할 것이라는 뉘앙스를 지닌다. 이때 '还'는 약하게 읽는다.

十四. 他是从首尔来的。

> • A 기본회화 1 B •
>
> A. 쩌거 팡파 쓰 쎄이 샹 추라이 더 Zhège fāngfǎ shì shéi xiǎng chūlai de
> 这个方法是谁想出来的?1) (이 방법은 누가 생각해냈나요?)
>
> B. 타 샹 추라이 더 Tā xiǎng chūlai de
> 他想出来的。2) (그가 생각해냈어요.)

shì de	lián dōu/yě	yī yě/dōu	fēi bùkě
是~的	连~都/也	一~也/都	非~不可
(강조)	조차도	하나도 ~하지 않다	~하지 않으면 안 된다
강조			

1. 그는 서울에서 왔어.

Tā shì cóng shǒu'ěr lái de
他是从首尔来的。

> 주어+是+강조할 사항+的
>
> 긍정과 단호한 태도를 강조하는 어기
> '的'는 반드시 문장 끝에 둔다3)
> (강조할 사항 - 주로 전치사구)

의문문			부정문
他是从首尔来的吗?	他是不是从首尔来的?	他是从那儿来的?	他不是从首尔来的。

2. 나 혼자 여기에 온 것이다.

Wǒ shì yī ge rén dào zhèr lái de
我是一个人到这儿来的。

是…的4)

이미 발생한 동작의 시간·장소·방식 등을 강조 [과거] 他是从南方来的。 他不是从南方来的。	관점·견해·태도 등에 대한 긍정적 어기를 강조 [과거 · 현재 · 미래] 他是很会唱歌的。 他是不会唱歌的。	사람 혹은 사물의 유별 A 他是什么老师? B 他是教汉语的。
		명사적 성질·기능

(是)	언제 어디서 어떻게 누가	동사	的

他(是)明天去参观的。(×)

3. 나는 집에서 저녁을 먹었습니다.

Wǒ shì zài jiā chī de wǎnfàn
我是在家吃的晚饭。

주어	(是)	시간/장소/방식/ 행동하는 사람	동사	목적어	的5)
주어	(是)	시간/장소/방식/ 행동하는 사람	동사	的	목적어6)

4. (맞다) 그는 저 대학에서 일한다.

> Tā shì zài nàge dàxué gōngzuò
> 他是在那个大学工作。

```
            是＋술어 [강조]
  술어 앞게 위치하는 '是'는 부사로서 뒤에
  나오는 상황이 확실함을 동의하며 확인할 때 쓰인다
  이때 부정형 '不是'로는 쓰이지 않는다
  '是'는 강하게 읽는다
  정말로, 확실히
```

5. 동쪽으로 1킬로 걸어가면 바로 우리 집이다.

> Xiàng dōng zǒu yī gōnglǐ / jiùshì wǒ jā
> 向东走一公里, 就是我家。

차오 朝 cháo	왕 往 wǎng	썅 向 xiàng
동작의 방향 (동사) ~로 향하다(고정)	동작의 방향 단독으로 동사가 되지 않는다 往＋동사(이동)	동작의 방향 (동사) ~로 향하다(이동)
朝＋사람＋구체동사 예: 朝我点头	—	向＋사람＋추상동사 예: 向我介绍
—	—	동사＋向 예: 他面向我
—	동작을 계속한다는 의미를 나타낸다 예: 往下说	단어결합(구)을 이룬다 예: 走向远方

찌우 就 jiù

술어동사 앞에 쓰여 긍정적 어기를 강조7)		짧은 시간 내에 이루어진다는 의미8)
'是'자문에서 주어를 강조 '就'자를 약하게 읽고 주어를 강하게 읽는다	'在'자문에서 목적어를 강조 '就'자를 강하게 읽는다	곧 바로 당장 앞에 '立刻' '马上' '一会儿' 등이 오는 경우가 많다

6. 아무리 작은 일이라도 정성껏 해야 한다.

Zài xiǎo de shìqing / yě yào rènzhēn de qù chǔlǐ

再小的事情,也要认真地去处理。

짜이 再 zài9)

다시/더욱 再	더 이상 再也	아무리~하여도 再~也	~다음에 等/先~再

7. 한 사람도 오지 않았다.

Yī ge rén yě méiyǒu lái

一个人也没有来。

也/都(술어 앞에서 강조의 기능)

(连)一个人也没来。	谁也没来。	都没来。

↓

특지의문문10)	강조11)
谁/…什么…(呢)?/哪/怎么	谁/什么…也(都)…/哪/怎么
你喜欢吃什么?	我什么都喜欢吃。

8. 그는 중국어 한마디도 못합니다.

Tā lián yī jù Hànyǔ dōu bùhuì shuō
他连一句汉语都不会说。

不会 + 기능・재주	不懂 + 의미・문제・목적

lián yě/dōu 连~也/都12)	yīdiǎnr yě/dōu bù 一点儿 也/都 不	jīhū dōu 几乎都
~까지도, ~조차도	조금도 ~않다	거의 대부분
극단적인 사례, 강조	这个问题一点儿都不难理解。 이 문제는 하나도 어렵지 않다.	这些照片几乎都是 用电脑合成的。 이 사진들은 거의 다 컴퓨터로 합성한 것이다.

9. 나는 너의 이름조차도 모른다.

Wǒ dōu bù zhīdào nǐ xìng shénme
我都不知道你姓什么。

```
都不… > 不… > 不都…
(전체부정)      (부분부정)
```

```
(앞) + 부정부사 + (뒤)
    ↖ 都, 太, 很, 一定 ↗
    [강조]
```

10. 너는 어린애가 아니야!

Nǐ yòu bùshì xiǎoháir
你又不是小孩儿!

```
         요우 又 yòu
부정문이나 반어문에서 부정의 어기를 강하게 한다
흔히 '什么' '怎么' '多少' 등으로 이루어진 반어문에 쓰여
        어기를 강하게 한다
```

11. 오랜만이군요!

Hǎojiǔ bùjiàn le
好久不见了!

好+[수량사/시간을 나타내는 말]

好久不见了	好几个人	好几年	好多事情
-	여러 명	여러 해	많은 일
여기서 '好'는 '久' '几' '多' 등을 강조			

12. 나는 여태까지 (한번도) 온 적이 없어.

Wǒ cónglái méiyǒu lái guo
我从来没有来过。

충라이 从来 cónglái	썅라이 向来 xiànglái
이제껏 여태껏 보통 뒤에 부정형이 온다13)	본래부터 여태까지 보통 뒤에 부정형이 온다

러 了 le	구오 过 guo	
[동작의 완성][14] 동사+了 你买了什么东西。	과거의 경험·경력 동사+过 他来过。[15]	과거의 경험·경력 + [동작의 완성] 我已经吃过了。[16]
과거·현재·미래 과거의 동작이 현재까지 지속될 수도 있다	대개 과거의 시간과 관계가 있다 현재까지 지속되지 않는다	

• A 기본회화 2 B •

A. 이 요우 스지옌 찌우 쌍왕 마?   Yī yǒu shíjiān jiù shàngwǎng ma

一有时间就上网吗? (시간이 있기만 하면 인터넷하나요)[17]

B. 나 하이 용 수오?   Nà hái yòng shuō

那还用说?[18] (말할 필요 있나)

13. 너도 중국어를 배운 지 일 년이 되잖아? (1년째 중국어를 공부하고 있다)

Nǐ bùshì yě xué le yī rián Hànyǔ le ma

你不是也学了一年汉语了吗?[19]

반어문[20]

不是~吗? ~가 아닙니까

의문문의 형태를 수사적으로 이용해 실제로는 의문문이 아니고
표현과 반대되는 진의를 강조하는 문장을 가리킨다

긍정의 의미를 강조

十四. 他是从首尔来的。

14. 내가 어떻게 알아?

Wǒ zěnme zhīdao
我怎么知道?

怎么 + 동사 ? = 当然 不 동사 怎么 不 동사 ? = 当然 + 동사	怎么+个+동사+法 = 怎么+동사 汉语怎么个学法才好?＝汉语怎么学才好?
의문대명사를 사용한 반어문21)	동작의 원인이나 상황・방식

15. 설마 이렇게 안 배우지는 않겠지요?

Nándào zhèyàng bù xué le
难道这样不学了?

난따오 难道 nándào	허삐 何必 hébì22)
설마 ~란 말인가 难道~(吗)? 难道 不/没~吗?	구태여 ~할 필요가 있는가 何必/何苦~(呢)?

16. 한 편의 단문을 쓰는 것도 이렇게 어려운데, 하물며 책 한 권을 쓰는 것임에랴?

Xiě yī piān duǎnwén dōu zhème nán / hékuàng xiě yī běn shū
写一篇短文都这么难, 何况写一本书?

허쾅 何况 hékuàng	쾅치에 况且 kuàngqiě
앞의 내용을 보충 설명한다. 의미상 전후 대비를 이루며 반문의 어조를 띤다 상용되는 형식은 "~,何况…?"이다	뒤에 '也' '还' 등의 부사가 수반된다 '而且' '再说'의 의미가 포함되어 있으며 이유를 보충 설명한다
하물며, 더군다나	

17. 너는 이 사람을 알고 있니?

Zhège rén nǐ rènshi ma
这个人你认识吗?

你认识这个人吗?

강조

목적어 '这个人'을 주어 앞에 둔다[23]

제14과 주해

1)

샹추라이 想出来 xiǎng chū lai	샹치라이 想起来 xiǎng qǐ lai
사고를 통해서 새롭게 의견이나 방법을 생각해 낸다는 의미	원래 기억하고 있던 정보를 잊어버렸다가 다시 기억해내려는 노력을 통해 기억해낸다는 의미

추라이(出来)chūlai의 파생 용법	
동작을 통해서 무언가를 발견하거나 식별한다는 의미	동작을 통해서 사물이 무에서 유로 결과를 만들어낸다
我认出来了, 他是李老师。	那张画儿他画出来的。

(불명확한 상태에서 명확한 상태로 될 때)

2) 이미 그 동작이 발생하였다는 사실을 알고 있는 상태에서 그 동작이 일어난 시간 장소 목적 방법 대상 등을 질문하고 대답할 때 "是…的'의 용법을 쓴다.

3) 긍정문일 때 앞의 '是'는 생략할 수 있으나 '的'은 생략할 수 없다. 지명대명사 '这''那'가 주어일 경우는 생략할 수 없다. 부정형은 "不是…的'로 이때 '是'가 생략될 수 없다. 예: 我们(是)坐飞机来的。(우리는 비행기를 타고 온 것이다) 他不是去年毕业的。(그는 작년에 졸업한 것이 아니다)

4) '是'는 강조해서 설명하려는 부분(일반적으로 동사구이다) 앞에 두고 '的'는 문장의 끝에 둔다. "是…的' 구조가 완료된 동작을 나타낼 때 동태조사 '了'와 병행하여 쓸 수 없다. '的'는 목적어 앞에 놓을 수 있고 뒤에 놓을 수도 있다. 그러나 목적어가 대명사일 때는 반드시 문장 끝에 두어야 한다. 이미 이루어진 동작의 경위, 행해진 시간, 장소, 방식, 수단, 원인, 목적, 관계자 등의 정보를 특별히 강조할 때 사용한다. 동작 자체는 강조하지 않는다. 동작은 이미 과거에 완성되었다는 사실을 말하는 사람과 듣는 사람 모두가 이미 알고 있다.

강조	판단
是+동사구/형용사구 또는 절+的	是+(명사/대명사/형용사/동사/동사구)[명사구]+的
명사나 명사구가 올 수 없다	주로 귀납에 사용되며 출처 근원 직업 용도 등을 설명한다

5) 긍정문에서 '是'는 생략할 수가 있다. 회화에서 자주 생략된다. 목적어가 인칭대명사인 경우나 목적어 뒤에 방향보어가 붙을 경우 '的'은 반드시 문장 끝에 위치해야 한다.

6) 목적어가 일반명사일 경우에는 "동사+的+목적어"와 "동사+목적어+的"의 어순이 모두 가능하다. 昨天你是几点睡的觉?(○) 昨天你是几点睡觉的?(○) (너는 어제 몇 시에 잠을 잤니)

7)

찌우 就 jiù	차이 才 cái
술어 중에 강조하려는 성분 앞에 두고 부정하는 것을 허락치 않는 어기	~야말로(주어를 강조하는 의미) 我才是用功的学生!

8)

찌우 就 jiù	차이 才 cái
앞뒤의 사건 사이 놓이면 관계가 "순조롭게, 순리대로" 연결되는 경우 我马上就去。	어떤 사람이나 사물을 매개나 수단으로 하여 어떤 목적에 도달하는 경우 你怎么才来呀?

9) 再好没有了。(더할 나위 없어요) / 腿麻得再也坐不住了。(다리가 저려서 더 이상 앉아 있을 수 없다) / 等雨停了后再走吧。(비가 그친 다음에 갑시다)

10) 의문대명사를 의문 제기의 위치, 즉 묻는 것이 주어이면 주어 위치에, 묻는 것이 목적어이면 목적어 위치에 써서 만든다. 이러한 의문문 역시 뒤에 '吗'를 붙이지 않으며, 어순은 진술문의 어순과 같다.

这本杂志是我的。	진술문
这本杂志是谁的? 哪本杂志是我的?	의문문

11) 의문대명사를 사용하여 어던 사람이나 사물도 예외가 아님을 강조할 때 부사 '都'나 '也'를 써야 한다. 단, 일반적으로 '也'는 주로 부정문에 쓰이고 '都'는 긍정문·부정문에 모두 쓰인다.

他什么事也不知道。	부정문
他什么事都知道。 他什么事都不知道。	긍정문 부정문

12) "连~都"는 '~조차'라고 해석하며 주로 부정문과 쓰여서 "~조차···하지 않다"라고 부정을 강하게 만들어준다. 전치사 '连'은 강조하려는 부분을 이끌어내는데, 비교의 뜻을 함유하고 있으며, 강조된 대상조차 이러하니 다른 것은 더 말할 거지도 없다는 의미를 나타낸다. 강조하려는 부분을 동사 뒤에 둘 수 없다. 예: 这件事我们班的同学全都不知道。(이 일은 우리 반 동학 모두 다 모른다) → 这件事我们班的同学(连)一个也不知道。

13)

从来+没(有)+동사+过	曾经+동사+过
보통 뒤에 부정형이 온다 从来没来过。 (여지껏 온 적이 없다)	보통 뒤에 긍정형이 온다 曾经来过。 (일찍이 온 적이 있다)

14) 동사의 끝에서 동작이 이미 완성되었거나 반드시 완성되는 것을 강조한다.

15) 동태조사 '过'는 동사 뒤에 놓여 어떤 동작이 과거에 이미 발생하였음을 나타내는데, 특히 그러한 경험이 있었다는 것을 강조한다. 연동문에는 보통 두 번째 동사 뒤에 '过'를 붙인다. 예: 我去医院看过他。(나는 그를 보러 병원에 간 적이 있다) 부정형은 "没(有)~过"이고 정반의문문의 형식은 "~过~没有?"이다. 예: 你没有说过。你说过了没有? 단, '过'는 명확하지 않은 시간과 함께 쓰이지 않는다.

16) 보통 습관이 되어 있거나 예정되어 있는 일에 쓰이는 경우는 일반적으로 동사 뒤 또는 문장 끝에 '了'를 둔다. 긍정적으로 대답할 때 동사 뒤에 '过了'를 쓰고 부정은 '没有'만 쓰고 '过'는 쓰지 않는다.

17) 인터넷 관련 용어

diànzǐhánjiàn 电子函件	yīntèwǎng 因特网	wǎngluò 网络	wǎngmín 网民	wǎngchóng 网虫	wǎngliàn 网恋	wǎngyǒu 网友	wǎngbā 网吧
E-메일	인터넷	네트워크	네티즌	인터넷마니아	사이버 연애	친구	PC방
wǎngzhàn 网站	wǎngyè 网页	wǎngzhǐ 网址	yònghùmíng 用户名	mìmǎ 密码	hēikè 黑客	dēnglù 登录	tuìchū 退出
웹사이트	홈페이지	사이트주소	아이디	비밀번호	해커	로그인	로그아웃

18) 那不用说

1	2	3
반문의 어기를 가지고 물음에 대답하는 말	질문에 긍정적으로 대답 당연히 그러하다는 뜻	질문에 대한 대답이 분명 더 많은 말이 필요 없음

那还不用说	那不用说	那当然	那是	没说的=没的说
말할 필요 있니	말할 필요 없어	그거야 당연하지	당연히, 물론	말할 여지가 없다 (좋다/당연하다)

19)

동태조사(了)	~어기조사(了)
我学了一年汉语。 (나는 1년 동안 중국어를 공부했다)	我学了一年汉语了。 (나는 중국어를 배운지 1년이 된다)
동사가 관형어의 수식을 받는 목적어를 가지면서 동태조사 '了'를 썼을 때는 단순하게 그 동작이 완료되었음을 나타낸다	그러나 어기 조사 '了'와 함께 쓰였을 때는 동작이 아직 진행 중이거나 앞으로 진행될 것임을 나타낸다

20) 다른 사람의 의견에 반박하거나 어떤 정보에 대해 동의나 만족을 할 수 없음을 나타낼 때 쓰이는 문장을 '반어문'이라 한다. 반어문의 형식이 긍정문일 경우 실제로는 부정적인 의미를 나타내며, 반대로 형식이 부정적이면 실제로는 긍정적인 의미를 나타낸다.

반어문의 유형

不是~吗?	怎么+동사	难道 (不)	何况/况且~	哪儿~啊	동사/형용사 +什么
~가 아닙니까	어떻거 ~	설마 ~	하물며 ~	어디~가 있겠느냐	뭐가 ~한다는 건가

21)

동사/형용사+什么?
"뭐가 ~한다는 건가?"라는 의미로 전체 문장의 의미를 부정한다
[반대·불만]

这篇课文难什么? (이 본문이 어렵다고)

哪儿~啊?
"어디 ~가 있겠느냐"라는 의미로 '없음'을 강조한다

学生哪儿有钱啊 (학생이 돈이 어디 있겠어요)

22) 반문의 어기로 그럴 필요가 없음을 나타낸다. 앞에 '又'를 더하면 어기가 강화된다. 예: 都是自己人,何必客气! (다 한집안 식구인데 사양하기는!)

허삐 何必 hébì	>	부삐 不必 bùbì
'반문' 동작 혹은 상황 발성의 필요성을 부정한다		'必须'의 부정형 동작 혹은 상황 발생의 필요성을 부정한다

23) 목적어를 문장 앞에 둘 경우, 목적어(话题)가 두드러져 어떤 사물이 어떻다는 것을 잘 나타내게 된다. 상황이 분명하다면 흔히 주어, 행위의 주체가 생략된다. 예: 书买来了. 목적어를 주어 뒤나 동사 앞에 둘 수도 있다.

十五. 我们班有三十来个学生。

> • A 기본회화 1 B •
>
> A. 후오징 띠엔화 하오마 쓰 두오사오 Huǒjǐng diànhuà hàomǎ shì duōshao
>   火警电话号码是多少? (화재신고가 몇 번이죠)
> B. 야오 야오 지우 Yāo yāo jiǔ
>   119[1)]

숫자읽기 - 한위청수프아 汉语称数法 hànyǔ chēngshǔfǎ									
líng 〇	yī 一	èr 二	sān 三	sì 四	wǔ 五	liù 六	qī 七	bā 八	jiǔ 九	shí 十
yī bǎi 一百			yī qiān 一千			yī wàn 一万			yī yì 一亿	
一百一 (110)			一千零(零)一 (1001)			一万一 (11000)			一亿一 (1100000000)	
二百二十二 (222)			两千二百二十二 (2222)			两万两千二百二十二 (22222)			两亿两千二百二十二万 两千二百二十二 (2222222222)	
…			…			…			…	

1. 이 영화는 재미있어서 다시 한 번 보고 싶다.

   Zhè bù diànyǐng hěn yǒu yìsi / wǒ xiǎng zài kàn yī biàn
   这部电影很有意思,[2)] 我想再看一遍。

| 주어 | 술어
(동작 행위) | 수량보어3)
수사+양사4)
행위에 소비하는 수량 |

동량사5)

삐엔 遍 biàn	츠 次 cì
시작부터 마칠 때까지 동작의 전체 과정을 중시한다	동작의 중복을 나타낸다 가장 널리 쓰인다
내용의 중복을 나타낸다 (처음부터 끝까지 한 번)	내용과 관계가 없다 (동작의 일회성)
这个电影我看过三遍。 '대개' '대충'의 의미	我看过三次中国电影。

2. 올해 여름에는 중국에 다녀왔습니다.

Jīnnián xiàtiān wǒ qù guo yī tàng Zhōngguó
今年夏天我去过一趟中国。6)

동사 + 러(了)le	동사 + 구오(过)guo
주로 어떤 동작이 완성되었음을 나타낸다 과거 현재 미래 과거의 동작이 현재까지 지속될 수도 있다 没+동사+了(×)	주로 이미 경험한 적이 있음을 나타낸다 대개 과거의 시간과 관계있다 현재까지 지속되지 않는다 没+동사+过(○)

[동사＋동량보어]의 운용(도적어의 위치)7)

동사＋동량보어＋목적어(명사)	동사＋목적어(대명사)＋동량보어	동사＋목적어(인명/지명)＋동량보어 동사＋동량보어＋목적어(인명/지명)
我看了三遍小说。 나는 소설을 세 번 읽었다.	我见过他一次。 나는 그를 한 번 보았다.	我见过小金一次。 나는 김군을 한 번 보았다. 我去过中国一次。 나는 중국에 한 번 가보았다. 我见过一次小金。 나는 김군을 한 번 보았다. 我去过一次中国。 나는 중국에 한 번 가보았다.

3. 우리 맥주 한 잔 더 마시자.

Wǒmen zài hē yī bēi píjiǔ ba
我们再喝一杯啤酒吧。

> (수사)8) ＋ 양사 ＋ 명사
> [명량사]9)

짜이 再 zài	하이 还 hái
모두 미래의 반복을 나타낸다	
수량의 증가를 나타낸다	수량의 의미가 없는 문장에서 쓰여 내용 변화 없이 여전하다는 뜻이다
동작의 반복	범위의 확대, 항목의 증가
明年我再学一个月的汉语。 내년에 나는 다시 한 달간 중국어를 배우겠다.	明年我还学汉语。 내년에 나는 중국어를 더 배우겠다.

4. 나는 두 시간을 낭비하였다.

Wǒ làngfèi le liǎng ge xiǎoshí
我浪费了两个小时。10)

시 각	시 간
디엔 点 diǎn 시 펀 分 fēn 분 먀오 秒 miǎo 초	샤오스 小时 xiǎoshí 시간 펀중 分钟 fēnzhōng 분(간) 먀오 秒 miǎo 초

liǎng(两)과 èr(二)11)

양사를 사용하지 않는 '年' '天''点' 등의 명사 앞에 쓴다	보통 양사 앞에서 '两'을 쓰고 '二'을 쓰지 않는다	양사가 도량형 단위인 경우 '二'과 '两' 모두 쓸 수 있다
两家 两天 两点	两个 两本 两件 …	二公斤/两公斤 二公里/两公里

5. 나는 한 그릇 먹는데 1시간 소비하였다.

Wǒ yī wǎn chī le yī ge xiǎoshí
我一碗吃了一个小时。

수량사의 어순12)

주어	(수사어) 수사+양사	술어	보어 수사+양사
	단위·구간	(동작 행위)	행위에 소비하는 수량

6. 나는 중국어를 2년 동안 공부하였다.

　　　　　Wǒ xué le liǎng nián (de) Hànyǔ
　　　　　我学了两年(的)汉语。13)

我	学了	两年	汉语
(주어)	동사	시간량	목적어

我学了一年汉语。 ≒ 我学了一年的汉语
我学了两年汉语了。14)
←──────○──────→
과거의 한 시기　　　현재까지
←──○──→ ←──×──→
我学了两年汉语。15)

[차이]

我学汉语学了两年。	我学汉语学了两年了。16)
과거 중 어느 시기에 중국어를 2년 동안 배웠다	중국어를 배우기 시작해 현재까지 2년이 경과됐다

[동사+시량보어]의 운용(목적어의 위치)

동사·목적어(명사)·동사·시량보어 동사·시량·(的)·목적어(명사)	동사·목적어(대명사)·시량보어	동사·목적어(인명/지명)·시량보어 동사·시량·목적어(인명)
我学汉语学了一年。 我学了一年(的)汉语。 나는 중국어를 1년 배웠다.	我等了他一个小时。 나는 그를 한 시간 기다렸다.	我找小金半天了。 나는 김군을 한참 찾았다. 我来中国半年了。 나는 중국에 온지 반년 되었다. 我找了半天小金。 나는 김군을 한참 찾았다.

十五. 我们班有三十来个学生。

7. 그는 3주 동안 병을 앓았다.

Tā shēng le sān ge xīngqī de bìng
他生了三个星期的病。17)

| 이합사의 동사 부분 | 了 + 시량보어 | 이합사의 목적어 부분 |

이합사19)

生病 唱歌 跳舞 谈话 睡觉 聊天 排队
跑步 散步 上课 见面 帮忙 握手 洗澡
毕业 留学 游泳 生气 …

VO구조18)

8. 그는 어제 아침 6시부터 이미 거기서 기다렸다.

Tā zuótiān cóng zǎoshang liù diǎnzhōng kāishǐ jiù děng zài nàr le
他昨天从早上六点钟开始就等在那儿了。

시간 관련사의 배열 순서

시간을 나타내는 명사 昨天	시간을 나타내는 전치사구조 从~开始	시간을 나타내는 부사 就	술어
행위·행동의 시간			행위·행동

'就'와 '才'20)

시점 + jiù 就	시점 + cái 才
말하는 사람이 느끼기에 시간이 이르거나 시량이 적은 경우	말하는 사람이 느끼기에 시간이 늦었거나 시량이 많은 경우
벌써, 일찍, 곧장	겨우, 이제야, 가까스로

수량사＋就	就＋수량사(1)	就＋수량사(2)
연령·수량이 적거나 시간이 이르거나 짧은 경우	수량이 많거나 시간이 늦거나 길 경우 '就'를 약하게 읽는다	수량이 적음을 나타낸다 '就'를 강하게 읽는다

9. 이미 8시가 되었는데 너는 어째서 아직도 잠자고 있어?

Dōu bā diǎnzhōng le / nǐ zěnme hái zài shuìjiào

都八点钟了,你怎么还在睡觉?

dōu 都 ＋ 시점	cái 才 ＋ 시점
'已经'의 의미(이미), 뒤에 '了'가 온다 말하는 사람이 느끼기에 시간이 이르거나 시량이 적은 경우	'只'의 의미(겨우) 말하는 사람이 느끼기에 시간이 늦었거나 시량이 적은 경우

10. 이 아이는 겨우 네 살인데 벌써 학교에 다닌다.

Zhè háizi cái sì suì / jiù yǐjīng shàngxué le
这孩子才四岁, 就已经上学了。

才 + 시점	시점 + 才
말하는 사람이 느끼기에 시간이 이르거나 시량이 적은 경우 才五点种, 你怎么就起床了?	말하는 사람이 느끼기에 시간이 늦었거나 시량이 많은 경우 电影晚上八点半开始, 他八点种才来。

才 + 수량사	수량사 + 才
연령·수량이 적거나 시간이 이르거나 길 경우	연령·수량이 많거나 시간이 늦거나 짧은 경우

수량(시간)사 앞에 올 수 있는 부사
大约 一共 才 就 又 都 已经 刚 刚刚 仅 仅仅 至少 不 没 …

11. 금년의 물가는 작년의 배가 되었다.

Jīnnián de wùjià bǐ qùnián zhǎng le yī bèi
今年的物价比去年长了一倍。

수량의 증가[21]

원래의 부분1 + 증가분1 增加了一倍	원래의 부분1 + 증가분2 增加到三倍
증가되다, 두 배가 되었다	~로 증가되다, 세 배로 되었다

zēngjiā 增加	tígāo 提高	kuòdà 扩大	jiāqiáng 加强
원래 있던 기초에 더해지다	위치 질량 수량 정도 수준 등이 원래보다 높아지다	범위나 규모가 원래보다 커지다	더욱 강해지거나 효과를 내게 하다

12. 오늘의 환율은 1 : 8.25이다.

Jīntiān de huìlǜ shì yī bǐ bā diǎn èr wǔ
今天的汇率是 1 : 8.25。22)

huìlǜ 汇率	wàihuì 外汇	chǔbèi 储备	外汇储备
환율	외화	저축, 준비	외환보유고

링(零)líng 읽는 법23)

6050,0099	30005.005
liù qiān líng wǔ shí wàn líng jiǔ shí jiǔ	sān wàn líng wǔ diǎn líng líng wǔ
六千零五十万零九十九	三万零五点零零五

• A 기본회화 2 B •

A. 조우 뚜오 창 스지엔 Zǒu duō cháng shíjiān
走多长时间? (걸어서 시간이 얼마나 걸립니까?)

B. 따까이 조우 량 산 프언중 Dàgài zǒu liǎng sān fēnzhōng
大概走两三分钟。24) (대략 걸어서 2~3분 걸립니다)

---

13. 우리 반에는 30명 정도의 학생이 있다.

Wǒmen bān yǒu sān shí lái ge xuéshēng
我们班有三十来个学生。

수사 + 양사 + 명사25)

↓

개수(대략의 숫자)[26]

수사(0으로 끝남) +라이(来)/두오(多)+양사+명사	수사(1-9로 끝남) +양사+라이(来)/두오(多)+명사
三十来个学生	一个来月

lái 来 ~정도 (±1~2) / duō 多 ~남짓 (+1~2)

'多' '来' 를 붙이는 수량사

xiǎoshí 小时	tiān 天	yuè 月	nián 年	xīngqī 星期
三个多小时 3시간 남짓	二十多天/两天多 20여일 / 이틀 남짓	一个多月/一个月多 1달남짓 / 1달 남짓	一年多/十多年 1년 남짓 / 10여년	两个多星期 2주간 남짓
三个来小时 3시간이나	二十来天 20일씩이나	一个来月 1달동안이나, 1달씩이나	十来年 10년쯤, 10년씩이나	两个来星期 2주간씩이나

14. 이 옷은 30원 정도 이다.

        Zhè jiàn yīfu sān shí duō kuài[qián]
        这件衣服三十多块[钱]。

어림수 - 숫자+多 : 그 수를 초과했음을 나타낸다
숫자+ 多 + [양사] + [명사] / [양사] + [명사] + 숫자 + 多
这些橘子三斤多。(이 귤은 3근 남짓이다)

런민삐(人民币)Rénmínbì의 단위

단위	구어체
위엔 元 yuán = 10角 쟈오 角 jiǎo = 10分 프언 分 fēn	콰이 块 kuài 마오 毛 máo 프언 分 fēn

(마지막 위치에 올 때 생략 가능)

15. 방학까지 약 한 달 정도 남았어.

Lí fàngjià dàgài hái yǒu yī ge yuè zuǒyòu
离放假大概还有一个月左右。27)

cóng(从)과 lí(离)28)

从	离
출발지, 출발 시간을 나타낸다	두 장소 사이의 거리, 두 시간 사이의 간격을 나타낸다
学校从这儿很远。(×)	学校离这儿很远。(○)
주로 시간적 기점·경과	주로 시간적 공간적 거리29)

수량·시간에 대한 예측

(가능성)		
따까이 大概 dàgài	>	따위에 大约 dàyuē
대략, 아마도, 대강의 (그리 정확하고 자세하지 않음)		대강, 얼추, 대략적인

수사＋양사＋(명사)＋左右/前后/上下

주오요우 左右 zuǒyòu	치엔호우 前后 qiánhòu	쌍쌰 上下 shàngxià
五分钟左右	五分钟前后	
	开学前后	
五天左右		
五十岁左右 七十公斤左右 一米七左右		五十岁上下 七十公斤上下 一米七上下
시점/(일정)시간/나이 /무게/높이/길이/금액	시점/때[명사]	(많은)나이/무게/높이

16. 그가 간 후 나는 멍하니 잠시 동안 서 있었다.

Tā zǒu le yǐhòu / wǒ dāidāi de zhàn le yīhuìr

他走了以后，我呆呆地站了一会儿。

이호우 以后 yǐhòu	호우라이 后来 hòulái
(시간명사) 과거·미래 (단독으로 쓰일 때는 미래에만 쓰인다) 이후	(부사) 과거에만 단독으로 쓰인다 (그) 후

	(주어)	동사	시간량	

▽

(주어)	等 동사	她 목적어	一会儿 시간량	再说吧
		인칭대명사 (혹은 인명·지명·기관명·국가명)30)		

17. 방금 나는 그와 잠시 이야기하였다.

Gāngcái wǒ gēn tā tán le yīhuìr huà
刚才我跟他谈了一会儿话。

谈 동사	了 了/着/过 동태조사32)	一会儿 시간량	话 목적어	31)

좀, 약간

一点(儿)33) < 一些34)
一下(子)35) < 一会(儿)36)

18. 큰 나무 아래에 노인이 몇 분 앉아 있다.

Dàshù xià zuò zhe jǐ wèi lǎorén
大树下坐着几位老人。37)

지 几 jǐ38)	두오사오 多少 duōshao
'몇' 주로 10 미만의 수를 예상하고 물을때 쓰인다 几号楼? (몇 동입니까)	'몇' '얼마나' 예측 불가능한 수나 10 이상의 수를 물을 때 쓴다 多少号房间? (몇 호실 입니까)
뒤에 반드시 양사를 쓴다 你有几本书?	양사를 써도 되고 쓰지 않아도 된다 你有多少(个)朋友?
几+수사 / 수사+几 수사 앞, 뒤에 사용 가능	多少 + 亿万 亿 万 앞에만 쓰인다

존현문(存现文)39)

장소	동사	了/着	사람/사물
屋里	坐	着	一个人
前面40)	来	了	一个人
张家	死	了	一个人

제15과 주해

1) 전화번호, 방번호, 버스노선번호 등을 말할 때 '一'와 '七'의 혼선을 피하기 위해서 '一'를 야오 '幺(yāo)'로 '七'를 '拐(guǎi)'로 발음한다. 특히 통화 중에는 구분이 쉽지 않아 '0'을 '咚(dōng)'으로도 발음한다. 예: 211号房间 èr yāo yāo hào fángjiān

huǒjǐng diànhuà 火警电话	fěijǐng diànhuà 匪警电话	jíjiù diànhuà 急救电话	tiānqì yùbào 天气豫报	cháhàotái 查号台
화재신고 119	범죄신고 110	응급구조차 120	기상예보 121	전화국 교환 114

dǎ diànhuà 打电话	jiē diànhuà 接电话	huí diànhuà 回电话	děng diànhuà 等电话	dǎcuò 打错	zhànxiàn 占线	liúyán 留言
전화 걸다	전화를 받다	전화를 걸어주다	전화를 기다리다	잘못 걸다	통화중	말을 남기다

2) 이스 意思 yìsi

1	2	3	4	5	6
언어 문자의 함의, 문장의 사상 내용	사람의 의견 바람	정취 취미 재미	성의	추세 기미	질문의 어기

3) 수량보어는 동작의 횟수나 동작이 지속된 시간의 양을 나타내며, 술어 동사의 뒤에 놓인다. 예: 我学了三年汉语。(나는 3년 동안 중국어를 배웠다) 단, 어떤 기간 동안 혹은 약간의 횟수 이내에 발생한 일이나 존재한 상황을 설명할 때는 수량을 나타내는 단어를 술어 동사 앞에 쓸 수 있다. 예: 我一夜没睡觉。(나는 밤새 잠을 자지 못했다)

4) 양사

동량사/명량사	양사 뒤의 명사는 생략 가능	중첩한 경우 '每'의 의미를 갖는다
주어+동사+수사+동량사(+명사) (지시대명사)(수사)+명량사(+명사)		个个 家家 次次 하나하나 집집마다 매번

[중첩한 명량사는 목적어의 위치에 둘 수 없고 목적어를 수식할 수 없다]

명사의 중첩

단음절 AA식	이음절 AABB식
年年　　人人 해마다　사람들마다	方方面面　里里外外 여러 방면

5) 동량사

cì 次	biàn 遍	tàng 趟	dùn 顿	cháng 场	xià 下
반복적으로 이루어지는 동작	처음부터 끝까지의 전 과정	사람이나 차의 왕래 횟수	식사, 질책, 권고	하나의 동작이 끝났음을 나타냄	짧은 시간 또는 순식간의 동작
번 / 차례	번	탕	끼니 / 차리	바탕 / 판	번

동량사	동작이나 변화의 성격이나 모양

6) 동태조사 '过'는 일반적으로 동사 뒤에서 "과거에 그 동작을 한 적이 있다"는 과거의 경험을 나타낸다. 부정형은 동사 앞에 부정부사 '没'를 쓴다. 경험을 횟수로 나타내려면 목적어는 수량브어 뒤에 둔다. 목적어가 대명사인 경우에는 수량보어 앞에 둔다. 예: 我去过那儿一趟。

7) 동사의 목적어가 명사이면 동량보어는 목적어 앞에 두고, 목적어가 대명사이면 동량보어는 목적어 뒤에 둔다.

8) 양사 앞에 오는 수사 '一'는 문장의 맨 앞에 쓰이지 않을 경우 생략할 수 있다. 따라서 "～喝一杯酒"를 "～喝杯酒"라고 말할 수 있다.

9) 명량사

gè 个	zhāng 张	jiàn 件	běn 本	tào 套	bēi 杯
일반적인 사람이나 사물	평평하거나 펼칠 수 있는 것	옷, 일, 짐	책	세트를 이루는 것	컵
개	장	벌 / 건 / 개	권	세트	잔

명량사	모양・성질

10)

shíjiān 时间	xiǎoshí 小时	shíhou 时候	diǎn 点
시간 空	시간(동안) 钟头	～때 ～时　～的时候	시 几点了?

디엔 点 diǎn	디엔중 点钟 diǎnzhōng
정각이 아닐 때 点만 쓴다	정각일 때 点/点钟

11) '二'은 수를 나타내고 '两'은 양을 나타낸다. 십 자리의 끝자리의 2는 모두 '二'로 쓰고 읽는다. 2로 시작되는 큰 단위의 수, 즉 百 千 万 亿 단위의 수 중에서 2가 첫 자리에 나올 때는 일반적으로 '两'을 쓴다. 그러나 숫자 중간에 나올 때는 일반적으로 二를 쓴다. 예: 十二点(12시) / 二十岁(20세) / 两万二千二百(22,200) 또한 '两'은 대략적인 수를 나타내기도 한다. 예: 这两天天气很好。(요즘은 날씨가 참 좋다)

12)

yǎnjing 眼睛	ěrduo 耳朵	zuǐchún 嘴唇	bízi 鼻子	bózi 脖子	wěiba 尾巴
눈	귀	입술	코	목	꼬리

13)

주어	(수식어)	술어	보어
	단위수량	행위	소비하는 수량
일정한 어순(주어·술어·보어)으로 표현 단어의 어순 : 단어가 담당하고 있는 역할을 나타낸다 단어의 의미와 뉘앙스는 어순으로부터 알아차린다			
我 나는 我 나는	一次 한 번에 一个小时 1시간 동안에	吃了 먹었다 吃了 먹었다	一碗 한 그릇 一次 1번

14) 시량보어는 목적어 뒤에 오는 것이 일반적이지만 뒤에 '的'을 붙여서 목적어 앞에 올 수도 있다. 그러나 해석은 원래대로 해야 한다.

15) 동사 뒤에 동태조사 '了'가 쓰였고 시량보어 뒤에 어기조사 '了'가 오는 경우는 현재 진행 중이거나 계속되고 있음을 나타낸다.

16) "我学了三年汉语。"는 이전에 3년간 중국어를 배운 적이 있으나 지금은 중국어를 배우지 않고 있다는 의미이다. 이처럼 문장 끝에 어기조사 '了'가 쓰이지 않는 경우는 그 상황이 이미 종료되어 더 이상의 변화가 없음을 나타낸다. 즉 예전의 어느 때 그러한 일이 있었음을 나타낼 뿐이다.

17) 시량보어는 반드시 동사 뒤에 두어야 하므로 동사가 목적어를 갖는 경우, 동사와 목적어를 앞 에서 반복해야 한다.

[동사 목적어] 동사 시량보어	동사 목적어 시량보어	동사 시량보어 목적어
我学汉语学了两年。 我等你等了二十分钟。	목적어가 대명사인 경우 我学了两年(的)汉语。	목적어가 인칭대명사가 아닌 경우 我等了你二十分钟。

그러나 '毕业' '结婚' '到' '来' '去' '死' '离开' 등의 동작이 한번 완료되면 계속시킬 수 없는 동사, 즉 불연속성동사(비지속성동사) 뒤에 오는 시량보어는 그 동작이 발생 또는 완성된 뒤부터 어떤 시점까지 경과된 시간을 의미한다. 불연속성동사는 예외적으로 목적어가 있어도 뒤에 동사를 중복시키지 않는다. 또 시간을 나타내는 말을 동사와 목적어 사이에 둘 수 도 없다.

看 - 연속성동사	来 - 불연속성동사
看电视两个小时了。(×)	来中国两个月了。(○)
看电视看了两个小时了。(○)	来中国来了两个月了。(×)
看了两个小时电视了。(○)	来了两个月中国了。(×)
동작이 여전히 지속되고 있음을 나타낸다	동작이 시작 시점부터 어떤 단계까지 진행되었음을 나타낸다

18) 시간의 양을 나타내는 단어는 일부 이합사(离合词)의 중간에 올 수 있고, 또 이합사 중에 동사소(动词素)를 중복하여 쓰고 그 뒤에 시간의 양을 나타내는 단어를 쓸 수도 있다. 예: 他生病生了三个星期。(○) / 他生病了三个星期。(×)

19) 동사 중에 "동사＋목적어"의 형태로 이루어진 동사를 이합사(离合词)라고 한다. 이합사의 특징은 기타 성분이 동반될 경우 분리가 가능하다는 것이다. 이합사 뒤에는 목적어가 올 수 없다. 예: 他已经毕业大学了。(×) → 他已经大学毕业了。(○)

20) '就'는 동작의 발생이 기대보다 순조롭거나 빠르게 진행되었음을 나타낸다. '才'는 동작의 발생이 기대보다 순조롭지 못하거나 느리게 진행되었음을 나타낸다.

就~了	才~
이르다, 빠르다 쉽고 순조롭다	늦다, 느리다 쉽지 않고 순조롭지 않다

'빠르다' '늦다' '순조롭다' '순조롭지 못하다'라는 것은 말하는 사람의 주관적인 느낌이므로, 같은 동작에 대해서도 말하는 사람의 기대치나 감정 상태에 따라 둘 중 어느 것이든지 쓸 수 있다. '就'와 '才'가 시간을 나타내는 부사로 쓰일 때는 상반된 의미를 나타낸다. (就/才＋동사＋(了)＋수량사＋목적어)

21)

수량의 증가와 감소

增加了~	增加到~ / 增加为~	减少了~	减少到~ / 减少为~
增长了~	增长到~ / 增长为~	降底了~	降底到~ / 降底为~
上升了~	上升到~ / 上升为~		
提高了~	提高到~ / 提高为~	下降了~	下降到~ / 下降为~

22) "몇 대 몇"은 중국어에서는 우리말 '대'에 해당하는 '对'를 쓰지 않고 '比'를 쓴다. 예: 现在比分是一比三。(현재 스코어는 1:3이다)

23)

1100	1001	2006年
yī qiān yī bǎi	yī líng líng yī	èr líng líng liù nián
1:05	108元	0.4元
yī diǎn líng wǔ fēn	yī bǎi líng bā kuài	sì máo

24) '大概'는 부사로 '아마' '대개는' 등 수량이나 시간에 대한 부정확한 견해를 나타낸다. 예: 我大概八点钟才吃晚饭. (나는 대개 8시에 저녁을 먹습니다) 형용사로 쓰일 경우는 '대강의' '대충의'라는 뜻으로 '大致'의 의미에 가깝다.

대개는, 약, 아마 …쯤	개략, 대요, 대강	대강의, 대충의
大概要走20分钟。	我只知道个大概。	现在只写了个大概的提纲。

어림수

근접한 두 개의 숫자를 연속해서 쓴다 [숫자연용법]
일반적으로 작은 숫자가 앞에 오고 큰 숫자가 뒤에 온다
一两名 한두사람 三四天 사나흘 七八岁 7,8세 十五六七 십오육칠

25)

一个月	一月(×)	한 달
一个年(×)	一年	한 해
一个天(×)	一天	하루
一个小时	一小时	한 시간
一个星期	一星期	한 주

半个月	半天	半年
一个月	一天	一年
一个月半	一天半	一年半

26) '来' : 앞의 수사보다 약간 많거나 약간 적은 정도를 나타낸다

수사 + '来' + 양사 (+명사)	수사 + 양사 + '来' + 명사
수의 끝자리수가 0인 경우 10, 20 … 300 …1000	1~9까지의 정수

'多' : 앞의 수사보다 많은 수를 나타낸다

수사 + '多' + 양사 (+명사)	수사 + 양사 + '多' + 명사
수의 끝자리수가 0인 경우 10, 20 … 300 …1000	수의 끝자리수가 0이 아닌 경우

27)

zuǒyòu 左右	dàyuē 大约	xiàngxià 上下	jiāngjìn 将近
정도, 쯤 주로 수량사 뒤	대략 수량사 앞	가량, 쯤 주로 수량사 뒤 (나이, 키 등)	거의, 근 수량사, 동사 앞

28) 상용구문

从 A 到 B	A 离 B
시간 장소의 범위	거리 간격

↳ 从首尔到北京得几个小时? (서울에서 베이징까지 몇 시간 걸립니까)

29) 리 离 í

공간적 거리	시간적 거리	추상적 의미의 거리
离学校不远了。	离上课还有十分钟。	—
…부터, …에서	…까지는	…에 비하면

30) '那么'는 수량사 앞에 쓰여 '가량' '정도'의 뜻을 나타낸다.

31) 만약 목적어가 지명・인명일 때는 보어를 목적어 앞이나 뒤에 둘 수 있다.

我 (주어)	去过 술어	两次 보어 동작량	北京 목적어	(○)
我 (주어)	去过 술어	北京 목적어	两次 보어 동작량	(○)

32) 이합사가 시량보어와 동량보어 또는 동태조사가 함께 쓰일 때 각기 그 위치에 주의해야 한다.

见过几次面。	见面过几次。	见过面几次。
○	×	×

33) 동태조사

러 了 le	저 着 zhe	구오 过 guo
(동작 행위의) 실현·완성	진행·지속	경험·완료

34) '조금''약간'이라는 뜻으로 정확하지 않은 적은 수량을 나타낸다. 동사 뒤에 위치하며 명사 앞에서 명사를 수식하는 관형어로도 쓰인다. 정확하게 측량할 수 없는 정도를 나타내는 데 쓰인다. '一点儿'보다는 '些' '一些'가 수량과 정도가 좀 더 많고 높음을 나타낸다. 예: 已经写了一些, 但是未写完。还是这个好一些。 '些'는 복수를 나타내는 양사로서 '~들'의 의미이며 '一' '这' '那' '哪'와 결합하여 '一些(이것들) '这些(저것들) '那些(저것들) '哪些(어느 것들)의 의미를 갖는다.

35) 부사 '一下(子)'는 어떤 동작의 발생과 완성이 신속함을 나타내거나, 어떤 현상의 출현이 돌발적임을 나타낸다. 종종 '就'가 와서 호응한다. 예: 我一下子就学会了。(나는 단번에 배웠다) 동사 뒤에서 시간이 짧거나 동작이 가벼움을 나타낸다. "(현재나 미래에)~해 보다"라는 의미이다. 예: 我看一下。(내가 좀 보겠습니다) 我先打听一下。(내가 우선 좀 묻겠습니다) "한번, 1회"의 수량보어로 "좀 해보다"라는 뜻이 되며 '一下儿' 또는 '一下子'로 쓰기도 한다.

수량사	부사	
한번	단번에	갑자기

36) '一会儿'은 수량을 나타내는 말이어서 동사 뒤에 놓는다. 이밖에 "조금 후에"라는 뜻도 있는데 이때는 동사 앞에 쓰인다.

一会儿	동사 + 一会儿	一会儿 + 동사
잠시, 잠깐 동안, 짧은 시간	짧은 시간 동안 ~하다	조금 후에 ~하다

37) 동사 및 형용사 다음에 동태조사 '着'를 사용하여 상태의 지속을 나타낼 때에는 '正在' '正' '在' 등을 써서는 안 된다. 그리고 동사 자체에 이미 지속의 의미가 있는 인지·심리·지각 동사인 '知道' '认为' '后悔' '姓' '属于' '喜欢' '讨厌' 등에는 '着'을 붙일 수 없다. 또 짧은 시간의 동작을 나타내는 동사나 소실의 의미를 지닌 동사 '死' '断' '折' '跌' '破' '裂' '掉' 등에도 '着'을 붙일 수 없다.

38) '几'는 시간과 날짜, 요일에 관련된 수, 건물의 층수, 버스번호 등을 물을 때는 수의 범위에 관계 없이 쓸 수 있다. 앞에 의문대명사 '哪' 또는 지시대명사 '那'를 쓸 수 있다. 예: 你喜欢上哪几门课?(넌 어느 몇 과목의 수업이 좋아?)

39) 사람(혹은 사물)의 존재나 출현 혹은 소실을 나타내는 문장을 가리킨다. "주어(장소·시간 명사)+술어(존재·출현·소실을 나타내는 동사)+(동태조사 了/着/방향보어)+목적어(존재·출현·소실되는 사람이나 사물)"의 형태를 취한다. 이때 목적어 앞에는 수량을 나타내는 말이나 묘사성 관형어가 오며, 목적어는 불확실한 사람이나 사물이다. 즈로 존재(지속)를 나타내는 문장에는 동사 뒤에 '着'가 놓이는 경우가 많으며, 출현과 소실(상태)을 나타내는 동사 뒤에 '了'나 '방향보어'가 놓인다.

존재를 나타내는 동사	출현을 나타내는 동사	출현·소실을 나타내는 동사	존현문에 쓸 수 없는 동사
坐 站 睡 贴 躺 住 停 放 挂 摆 种 写 画 绣	来 出 起 出现 上来 下来 进来 出来 起来 过来 走出来 开 出来 露出来 死 消失 丢 掉	走 开 泡 搬	吃 喝 看 想 听 知 道 哭 给 买

구분	형식			
존재의 표시	장소	동사	了/着	(존재하는)사람/사물
출현·소실 표시	장소/시간	출현·소멸을 나타내는 동사		사람/사물

▽

어떤 장면에	있다	사람/사물이
어떤 장소에서 어떤 때부터	하고 있다 했다	사람/사물이 사람/사물이

40)

치엔미엔 前面 qiánmiàn	미엔치엔 面前 miànqián
위치 순서를 강조하며 사람 사물에 모두 쓸 수 있다	주로 마주보고 있는 사람에게 쓰며 추상적인 사물에 사용하는 경우도 있다

十六. 认识你, 我很高兴。

• A 기본회화 1 B •

A. 니 야오 마이 디얼 선머 마 Nǐ yào mǎi diǎnr shénme ma
   你要买点儿什么吗?1) (무얼 사려고 합니까)

B. 뿌 / 워 뿌샹 마이 선머 / 즈쓰 수이삐엔 칸칸
   Bù / wǒ bùxiǎng mǎi shénme / zhǐshì suíbiàn kànkan
   不, 我不想买什么, 只是随便看看。
   (아니오, 사려고 하지 않고 그냥 좀 둘러보려고 해요)

1. 처음 뵙겠습니다.(당신을 알게 되어 기뻐요)

   Rènshi nǐ / wǒ hěn gāoxìng
   认识你, 我很高兴。

   알다2)

런스 认识 rènshi	知道·明白·懂·了解
주로 사람·길·글자를 알다는 의미이다	용법상의 차이가 있다

사람을 알다	글자를 알다	길을 알다
我认识他。	我认识这个字。	我认识这个路。

정도·상황에 따른 구분		
zhīdao 知道3) <	rènshi 认识4) <	shúxi 熟悉5)
알다		

2. 내가 중국에 갔을 때, 당신에게 여러 모로 신세를 많이 졌습니다.
   Wǒ qù Zhōngguó de shíhou / gěi nǐ tián le bùshǎo máfán
   我去中国的时候, 给你添了不少麻烦。6)

티엔 마프안 添麻烦 tián máfán	(쯔)자오 마프안 (自)找麻烦 (zì)zhǎo máfán
폐를 끼치다	번거로움을 자초하다

3. 인사도 안하고 간 것을 용서해 주세요.
   Qǐng yuánliàng wǒ de bùcí ér bié
   请原谅我的不辞而别。

얼 而 ér7)	삥 并 bìng	삥치에 并且 bìngqiě	허 和 hé8)
동사를 이어준다	이음절 동사를 이어준다	동사나 형용사를 이어준다	동사와 형용사도 이어준다

4. 내일 3시에 꼭 만납시다. (만나지 못하면 가지 않는다, 만날 때까지 기다립니다)
   Míngtiān sān diǎn jiànmiàn / bùjiàn bùsàn
   明天三点见面, 不见不散。

찌엔미엔 见面 jiànmiàn9)	찌엔따오 见到 jiàndào
뒤에 목적어를 가질 수 없다 见面(동사＋목적어)10) 见面你, 我感到很高兴。(×)	뒤에 목적어를 가질 수 있다 见到(동사＋결과보어) 见到你, 我感到很高兴。(○)

부찌엔부싼 不见不散 bùjiàn bùsàn11)	이이엔웨이띵 一言为定 yī yán wéi dìng
꼭 만나기로 약속할 때 쓰이는 말이다. 약속하는 쌍방은 반드시 제 시간에 도착해야 하며 마음대로 가버려서는 안 된다	한 마디로 결정짓고 다시 고치지도 못하고 후회도 못한다는 뜻이다. 흔히 '约会'·'请客'·'邀请'에 많이 쓰이는 성어이다

5. 듣건대 한국의 축구팀은 (실력이) 대단하다고 하더군요.

Tīngshuō Hánguó de zúqiúduì hěn lìhai

听说韩国的足球队很厉害。

팅수오 听说 tīngshuō12)	쮜수오 据说 jùshuō	쮜시 据悉 jùxī
듣자하니, 듣건대, 알려진 바에 의하면		

리하이 厉害 lìhai	
(긍정적 의미) (실력 등이) 대단하다, 뛰어나다	(부정적 의미) (수단 태도 등이) 심하다, 지독하다

6. 한국인의 한 사람으로서 나는 매우 자랑스럽게 여깁니다.

Zuòwei yī ge Hánguórén / wǒ juéde hěn jiāo'ào

作为一个韩国人, 我觉得很骄傲。

쟈오아오 骄傲 jiāo'ào	
(부정적 의미) 거만, 교만	(긍정적 의미) 자랑스럽다

7. 나는 당신이 결혼한줄 알았는데 알고 보니 아직 결혼하지 않았네요.

Wǒ yǐwéi nǐ jiéhūn le / yuánlái hái méiyǒu jiéhūn na
我以为你结婚了, 原来还没有结婚哪!

이웨이 以为 yǐwéi13)	런웨이 认为 rènwéi
"~라고 여기다" 어떤 상황에 대한 판단이나 생각을 나타낼 때 쓴다	
판단이나 생각이 빗나가 틀렸을 때 주로 쓴다 "~인줄 알았다"	'觉得'(~라고 느끼다)와 '想'(~라고 생각하다) 보다 좀 더 객관적 상황을 통한 판단이나 생각 "~라고 인정하다"
(부정적으로) 알다, 생각하다 잘못 알다 我以为自己没错。	(긍정적으로) 알다, 생각하다 我不那么认为。 我认为小张的意见很好。

8. 이 옷은 사이즈가 맞고 입기 편해요.

Zhè jiàn yīfu dàxiǎo héshì / chuānzhuó hěn shūfu
这件衣服大小合适, 穿着很舒服。

허쓰 合适 héshì	쓰허 适合 shìhé	프우허 符合 fúhé
(형용사) 목적어 가질 수 없다	(동사) 목적어 가질 수 있다	수량이나 형상 등이 알맞다
'어울리다"적합하다' 주로 술어로 쓰인다	실제 상황이나 객관적 요구에 '부합하다' '~하기에 적합하다' 명사와 결합한다	-

9. 그는 이 옷을 입으니 한결 젊어 보인다.

Tā chuān zhè jiàn yīfu xiǎnde niánqīng duō le
他穿这件衣服显得年轻多了。

시엔더 显得 xiǎnde	시엔쭈 显著 xiǎnzhù	시엔란 显然 xiǎnrán
(동) ~하기 보이다	(형) 현저하다	(형) 분명하다 (부) 명백히
(어떤 상황이) 드러나다		

─── • A 기본회화 2 B • ───

A. 웨이선머 / 니 투란 야오 칭 워 칸 띠엔잉 너
　　Wèishénme / nǐ tūrán yào qǐng wǒ kàn diànyǐng ne
　　为什么, 你突然要请我看电影呢?
　　(왜 너 갑자기 나에게 영화를 보여주려고 하는데)

B. 메이선머 / 팅수오 쩌 뿌 띠엔잉 헌 요우 이스 / 니 칸구오 러 메이요우
　　Méishénme / tīngshuō zhè bù diànyǐng hěn yǒu yìsi / nǐ kàn guo le méiyǒu
　　没什么, 14) 听说这部电影很有意思, 15) 你看过了没有?
　　(별 뜻이 없어, 이 영화가 참 재미있다고 하던데 너 본적 있어)

10. 내가 잠을 자려고 할 때 그는 여전히 공부하고 있었다.

Dāng wǒ yào shuìjiào de shíhou / tā hái zài xuéxí
当我要睡觉的时候, 他还在学习。

막(~할 때), 바로

땅 当 dāng	짜이 在 zài
주술적 단어결합이나 동사구 앞	(제한 없음)
(쓸 수 없음)	시간을 나타내는 단어나 수식적 단어결합 앞
문두에서 시간을 나타내는 단어결합을 이룬다	

当~的时候16)	在~的时刻	置此~之际
바로 ~할 때	~한 때	~한 즈음에

11. 나는 어떤 때에는 수업하러 가지 않아요.

Wǒ yǒu de shíhou bù qù shàngkè

我有的时候不去上课。

yǒudeshíhou (有的时候)	yǒushíhou (有时候)	yǒushí (有时)	yǒuhou (有候)
○	○	○	×

12. 당신이 어떻게 하려하면 어떻게 하세요. (당신이 하고 싶은 대로 하세요)

Nǐ xiǎng zěnme zuò / jiù zěnme zuò ba

你想怎么做, 就怎么做吧。

동일 의문사의 연용

하나의 문장 안에 의문사가 2개 사용되고
그 두 의문사가 밀접한 관계를 가지고
[임의의 모두]를 나타낸다

~한다면 ~라도 ~한다

[의문대명사], 就[의문대명사]		
怎么~怎么~	多少~多少~	什么~什么~
他怎么想, 就怎么说. 그는 생각나는 대로 말한다.	你要多少, 可以拿多少. 가지고 싶은 대로 가져도 좋습니다.	你要什么, 就给你什么. 원하는 것이 무엇이라도 드리겠습니다.

13. 거리의 광고는 점점 많아졌다.

Jiēshàng de guǎnggào yuè lái yuè duō le
街上的广告越来越多了。

(주어)	yuè lái yuè	(술어)
学汉语的人 他 天气	越来越17) 점점, 더욱더	多了 关心我了 热了
사람·사물	변화의 방면	

越来越+형용사/(일부)동사+(了)	越~越…18)
점점 더 …하다	~할수록 …하다

14. 독서는 음악을 듣는 것 혹은 어떤 일종의 유희와 같아서, 일단 그것을 좋아하게 되면 정신이 팔리게 된다.

Dúshū hǎoxiàng tīng yīnyuè huòshì rènhé yī zhǒng yóuxì shìde / yīdàn àishang le tā jiù huì rùmí de
读书好像听音乐或是任何一种游戏似的, 一旦爱上了它, 就会入迷的。

유사	−	가정	+	추측
[다중복문]				

15. 시간은 연·월·일을 써 넣어서 조사에 대비하는 것이 좋습니다. 어떤 것은 단지 월·일 만 쓰고 연도를 쓰지 않아 연대가 오래되면 왕왕 분명치 못하게 됩니다.

Shíjiān zuìhǎo xiě nián yuè rì / yǐ bèi chákǎo / yǒu de zhǐ xiě yuè rì / bù xiě niánfēn / niándài jiǔ le / wǎngwǎng nòng bu qīngchu

时间最好写年月日，以备查考。有的只写月日，不写年分，年代久了，往往弄不清楚。19)

wǎngwǎng 往往	jīngcháng 经常20)	chángcháng 常常	shícháng 时常
규칙적이면서 필연적으로 반복되는 일	자주 일어나는 일 일관성이 있다	발생 횟수가 많음 '经常'만큼 일관적이지 않다	'经常' '常常'보다 빈도수가 적다

즈 只 zhǐ	진 仅 jǐn
단지, 오로지 범위나 수량을 제한하는 역할 只要 只有 只是	단지~에 지나지 않다 '只'와 같다 중복 가능 '仅仅'

16. 맑은 날씨일 때에는 하늘은 푸르고 구름은 희고 물은 파란데 사람은 마치 그림 속에 있는 듯하다.

Qíngtiān de shíhou / tiān shì lán de / yúncai shì bái de / shuǐ shì lǜ de / rén hǎoxiàng zài huàr li shìde

晴天的时候，天是蓝的，云彩是白的，水是绿的，人好像在画儿里似的。

yǔtiān 雨天	yīntiān 阴天	qíngtiān 晴天	shǔtiān 暑天	lěngtiān 冷天
비오는 날	흐린 날	맑게 개인 날	구더운 날	추운 날

이엔써 颜色 yánsè

qīng 青	lán 蓝	lǜ 绿	bái 白	hēi 黑	hóng 红	huáng 黄
청	남	녹	백	흑	홍	황

17. 사람들은 모두 가을을 좋아하지만 여기의 가을은 너무 짧아 잠간 동안에 바로 지나가버린 듯하다.

Rén dōu xǐhuan qiūtiān, kěshì zhèr de qiūtiān tài duǎn, hǎoxiàng yīhuìr jiù guòqù le
人都喜欢秋天，可是这儿的秋天太短，好像一会儿就过去了。

도우 都 dōu

모두	심지어, ~조차도	이미	책망 원인의 어기
(범위를 총괄)	흔히 '连'과 함께 쓰인다	(뒤에 '了'가 온다)	都是+□

흔히 每 一切 多少 任何 什么 등과 함께 쓰인다 (의문문, 복문)
주어 뒤, 술어 앞

제16과 주해

1) 이 문장에서 '什么'는 뜻이 없다. "你要不要买东西?"의 뜻이다.

| 你有什么问题吗? | ≠ | 你有什么问题? | = | 你有问题吗? |
| 你喝点儿什么吗? | ≠ | 你喝点儿什么? | = | 你要不要喝点儿? |

2)

런스 认识 rènshi	랴오지에 了解 liǎojiě
주로 본 적이 있거나 아는 것을 가리키며 분명하게 식별할 수 있는 경우에 쓴다. 사람을 가리키는 명사나 사물을 가리키는 명사를 목적어로 취하는 경우가 많다.	아주 잘 알고 있다는 뜻이다. 목적어는 사람을 가리키는 명사를 목적어로 취하는 경우가 많다. 앞에는 '深入' '细致' 등의 정도를 나타내는 부사어가 들어가는 경우가 없다.

3) '知道'의 목적어는 어떤 사람 어떤 장소 어떤 일 어떤 물건이다. "知道+어떤 사람"은 그 사람의 이름 혹은 그 사람과 관련이 있는 정황을 들은 적이 있으나 만난 적이 없는 경우에 쓴다. 또한 부사 혹은 동사중첩으로 정도를 나타낼 수 없다. 예: "很知道"(×) "知道知道"(×)

4) '认识'의 대상은 어떤 사람 어떤 장소 어떤 물건이다. "认识+어떤 사람"은 그 사람 혹은 그의 사진을 본 적이 있어서 사람이 어떻게 생겼는지 알고 있는 경우에 쓴다. 이때 그 사람이 말하는 사람을 모를 수도 있다. 사람들은 처음 만났을 때 흔히 "认识你很高兴"이라고 말한다. "很认识"(×) "认识认识"(○) (예: 你们俩认识认识吧, 두 사람을 서로 소개시킬 때) '认识는 또한 사물의 본질 특징 규율을 분별·식별하는 능력을 가리킨다. "认识能力"라고 말할 수 있다.

5) '熟悉'은 어떤 사람 어떤 장소의 상황을 매우 잘 알고 있는 경우에 쓴다. '熟悉' 앞뒤에 정도를 나타내는 부사를 쓸 수 있다. "很熟悉"(○) "熟悉得很"(○) "熟悉熟悉"(○) 예: 你刚来, 应该熟悉熟悉这儿的情况.

| 很知道(×) | 很认识(×) | 很熟悉(○) |
| 知道知道(×) | 认识认识(○) | 熟悉熟悉(○) |

수시 熟悉 shúxi	수리엔 熟练 shúliàn
익숙하다	능숙하다
사람이나 상황에 대해 깊이 숙지하고 있다	일이나 행동을 자주하여 경험이 쌓이다

6) '多' '少'가 명사 앞에서 한정어가 될 때 단독으로 쓰이지 못하고 '很'이나 '不'와 함께 쓰이며, 구조조사

的를 쓸 필요가 없다.

7)

얼 而 ér	얼치에 而且 érqiě / 삥치에 并且 bìngqiě
전환·연속 관계	점층관계

8) 我想秋天是运动和读书的季节。(나는 가을이 운동과 독서의 계절이라고 생각합니다)

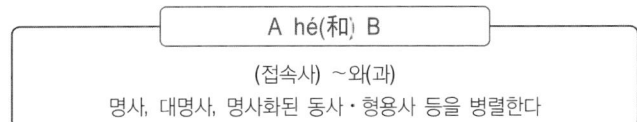

A hé(和) B
(접속사) ～와(과)
명사, 대명사, 명사화된 동사·형용사 등을 병렬한다

9) 나는 그를 만난다

찌엔 见 jiàn	찌엔미엔 见面 jiànmiàn
我见他。	我见面他。(×) → 我和他见面。(○)

10) 이합사

동사＋목적어
(见面 结婚 离婚 开玩笑 分手 握手 招手 道谢
生气 帮忙 请客 劳驾 毕业 谈话 打招呼)

이합사의 구조

1	2	3
동사＋목적어 见面	동사＋보어 抓紧	着急
동사		형용사

11) 형식상 단문(单文)으로 보이지만 의미상으로 복문에 상당하는 것을 축소된 복문, 즉 긴축문이라고 한다. 이 예문은 이미 관용어가 된 특수한 예문이다. 꼭 만나기로 약속할 때 쓰이는 말이다. "약속하는 쌍방은 반드시 제시간에 도착해야 하며, 마음대로 가버려서는 안 된다"라는 뜻의 성어이다.

긴축문

不A不B	没有A, 就没有B
A하지 않으면 B하지 않는다 (如果不A, 就不B)	A가 없었다면 B도 없다 (如果没有A, 就没有B)

12) "듣는 바에 의하면 ~한 모양이다" "얘기에 따르면 ~라고 한다"라는 뜻으로 자기의 주관적인 생각을 나타내는 것이 아니라, 남의 말을 들어서 알게 된 사실을 말할 때 쓴다. 그러나 어디서 들었는지 정확한 소식의 출처를 말하지 않아도 된다. 听/정보의 출처/说 …

13)

쥐에더 觉得 juéde	<	런웨이 认为 rènwéi	이웨이 以为 yǐwéi
느끼다		여기다	생각하다, 여기다
		객관적 사실이나 결론을 나타낸다	생각했던 사실과 다름을 나타낸다

14)

没什么	没事儿	
별 것 아니다, 괜찮다	没关系 괜찮다	没有事情 (볼) 일이 없다
		不要紧/不成问题

15)

这部电影	这场电影	这个电影
영화 한 편: 한 작품의 영화	영화 한 편: 이번 회의 영화	일상적인 표현: 영화 하나

16) 어떤 일이 발생한 바로 그 시간이나 그 장소를 가리킨다. '当' 뒤에 사건의 내용이 있어야 하고 시간사만 있어서는 안 된다.

当~时	当~之前/以前	当~的时刻/时期
~할 때	~하기 전에	~한 때 / ~한 시기에

17) 사람이나 사물이 시간이나 상황에 따라 어떤 방면의 정도가 점점 더 심해질 때 "越来越~"로 나타낸다. "越来越"는 동사 앞에서만 부사어가 될 수 있고 주어 앞에 둘 수 없다. 또 술어가 정도보어를 가질 때 "越来越"는 반드시 정도보어 앞에 두어야 하고 동사 앞에 둘 수 없다. "越来越" 뒤에 정도부사를 다시 쓸 수 없다.

18) 예: 我越学越觉得汉语很有意思。(나는 중국어를 배우면 배울수록 중국어가 재미있다고 느낀다)

yuè(越) A yuè(越) B	yù(俞) A yù(俞) B
A에 비례해서 B의 정도가 높아지는 것을 나타낸다	
A하면할수록 더욱 B하다	

19) '往往'은 지금까지 나타난 상황에 대한 총결로서 일정한 규칙성을 띠고 있는 동작을 수식하는데 쓰인다. '常常'은 흔히 중단되고 규칙성이 없는 동작을 수식하는데 쓰인다. 이밖에 자주 발생함을 나타내는 부사로는 다음과 같은 것들이 있다.

shícháng 时常	jiǎoshi 老是	shǐzhōng 始终	suíshí 随时	yīxiàng 一向	yīzhí 一直
자주	항상	언제나	수시로	줄곧	계속해서

20)

자주, 언제나, 항상			
jīngcháng 经常	shíbùshí 时不时	bùshí 不时	shíshí 时时

부록

어법사항 찾아보기

(ㄱ)

가능보어 ················ 37, 89, 90, 91, 92
가능보어 구문의 체 ················ 93
가능보어와 양태보어 구문의 비교
　················ 115
가능보어의 형태 ················ 93
가설관계 ················ 137, 158
가장 바람직한 선택 ················ 56
가정조건 ················ 151
가정의 양보 ················ 143
강조 ·········· 51, 61, 189, 201, 203, 204
　　　　　　205, 209, 204, 205, 209
강조할 사항 ················ 201
강한 확신 ················ 73
개수(대략의 숫자) ················ 224
개체들의 공통점 중시 ················ 166
개체들의 차이점 중시 ················ 166
객관적 사실 ················ 183
결과 ················ 125, 126
결과보어 ······ 90, 92, 93, 116, 117, 119,
　　　　　　　　　　　120, 194
결과보어의 기본 형식 ················ 117
결과의 필연성 강조 ················ 151
겸어문 ················ 176
공간에 수용할 수 있는지 여부 ····· 93
과거에 있었던 사실 ················ 183
과거의 경험 경력 ················ 207
과거의 한 시기부터 지금까지 ····· 181
관련 부사의 위치 ················ 138
관련성 여부 ················ 39

관점·견해·태도 등에 대한 긍정적
　어기의 강조 ················ 202
구조조사 ················ 37, 112
구체적인 차이를 중시 ················ 100
근칭·원칭 ················ 101
긍정과 단호한 태도를 강조하는
　어기 ················ 201
긍정의 의미를 강조 ················ 207
기본구조(SVO) ················ 56
기점·종점 ················ 127
기원동사 ················ 31
기원·희망 ················ 57

(ㄴ)

누구를 위해 행동할 때의 표현 ····· 128
능력동사 ················ 85, 87
능원동사 ············ 85, 177, 183, 196

(ㄷ)

다중복문 ················ 243
동량보어 ················ 217
동량사 ················ 216
동사가 나타내는 동작이 달성되거나
　달성되는 모양 ················ 118
동사중첩형 ················ 191
동사와 형용사(보어)의 결합 ········ 119
동사의 중첩 ················ 58
동시에 공존하는 두 가지 방면 ····· 165
동일성 여부에 중점 ················ 105
동일 의문사의 연용 ················ 242

어법사항 찾아보기　**251**

동일한지 여부를 중시 ·············· 100
동작 발생의 선후를 강조 ············ 55
동작·성질·상황이 동시에 존재 ···· 162
동작을 수용할 수 있는지 여부 ····· 93
동작의 단계와 상태 ················ 119
동작의 대상 ············· 179, 181, 183
동작의 방식 ······················ 35, 74
동작의 방향 ·························· 203
동작의 수행 ··························· 41
동작의 실현 가능성 여부 ············ 91
동작의 완성 ····················· 55, 207
동작의 원인이나 상황·방식 ···· 16, 208
동작의 일회성 ······················ 216
동작의 진행 ··························· 60
동작의 주체 ············· 179, 181, 183
동작의 확대 ························· 217
동작이나 판단의 근거 ·············· 137
동태조사 ············· 55, 183, 227, 183
두 가지 동작 간의 관계 ············· 54

(ㅁ)
명량사 ································ 229
명사의 성질·기능 ·················· 202
목적(연동문) ·························· 35
목적의 회피(원치 않는 일) ········· 133
무슨 이유로 행동하다는 표현 ······ 128
무조건식 ······················· 151, 157
문장부사 ······························· 14
물음에 대한 대답 ···················· 12

(ㅂ)
바로 그 사람이라는 의미를 강조 ···· 53
반드시 '把'자문을 써야하는 경우 ··· 193
반복된다는 '또'의 뜻 ················· 32
반어문 ······························· 207

방법·방식(how) ······················· 17
방법이나 수단을 강조 ·············· 120
방식·성질·상태·상황 등을
  물을 때 ····························· 17
방위사의 사용 ······················· 192
방향보어 ················· 91, 93, 179
범위의 확대 ························· 217
변화의 방면 ························· 243
병렬 ·································· 164
병렬관계 ···························· 167
보충설명(연동문) ····················· 35
복합방향보어 ······················· 193
복합방향보어의 운용 ··············· 156
부가의문문 ···························· 20
부분부정 ···························· 205
부정부사 ········· 40, 177, 182, 196, 205
비교문의 부정형 ···················· 101
비교문의 유형 ······················ 100
비교의 기준 ························· 100
비교의 방법 ························· 104
비교한 차이의 다소에 따른 표현 ···· 97

(ㅅ)
사건의 발생 ·························· 55
사물의 본질과 특성을 강조 ········· 16
사람 또는 사물의 유별 ············· 202
사실·결론 ··························· 130
사실의 양보 ························· 143
사역 ······················ 176, 177, 182
상반·대립·차이·강조 등 ········· 144
상태의 지속과 변화 ················ 127
선택 ·································· 164
선택관계 ···························· 167
선택의문문 ···························· 21
선택의문문 형태 ················ 21, 156

소극적 목적	132	어림수	224
소극적 조건	151	어순의 변화	54
소유의 의미	144	연동문	35
수단·방법(연동문)	35	연속관계	167
수량보어	103, 216	연합복문	161
수량(시간)사 앞에 올 수 있는 부사	222	열등비교	101
		예정·계획·욕구·바람	31
수량사의 어순	218	원인·목적	129
수량·시간에 대한 예측	225	원인·결과	125, 126, 130
수량의 증가	222	원인·이유(why)	16
순서에 의해 연속해서 출현하는 동작·상황	166	원인이나 근원(발전 과정)	128
		연유이유를 나타내는 전치사	129
술어 앞에서 강조의 기능	204	유사(사물의 성질·상태·정도)	104
술어 앞에 쓰여 긍정적 어기를 강조	204	유사성을 강조	100, 105
		유일조건	151
숫자읽기	215	의문대명사를 사용한 반어문	208
시간 관련사의 배열순서	220	의문대명사 형태	156
시간부사	71, 72, 138, 182, 192	의문문의 유형	11
시간명사	72	의미상의 피동문	179, 183
시간적인 긴밀성	166	의미상의 전후 대비	169
시간의 선후 순서를 강조	55	이미 발생하였음을 나타내는 부사	191
시간의 차이	72		
시량보어	219, 210, 219, 220	이미 발생한 동작의 시간·장소·방식 등을 강조	202
실제적 필요	59		
실행자가 나타나지 않은 피동문	181	이합사(vo구조)	210
		인과관계	131, 158
(ㅇ)		인과관계 강조	126
앞 구에 대한 제한과 수정	88	인과의 추론	130
앞 구의 상황과 상반	88	인칭대명사	31, 87, 226
양보관계	158	일을 이루기 쉬운 조건	151
양태보어	37, 111, 112, 114, 116	일을 이루기 어려운 조건	151
어감의 차이	152	일의 과정을 강조	120
어기부사	73	일정한 정도나 수준에 도달	17
어기의 강도	88		
어기조사	40, 55, 71		

(ㅈ)
적극적 목적 ················· 132
적극적 조건 ················· 151
전체부정 ···················· 205
전치사 ················· 36, 120
전후로 일어나는 동작(연동문) ······ 35
전환 ················ 88, 141, 146
전환관계 ············ 137, 143, 158
전환복문 앞뒤 구의 관계 ········ 147
전환식가설복문 ··············· 137
전환식가설복문과 전환복문 ······ 140
전환의 어기 ·················· 144
점층관계 ···················· 167
접속사 ················· 88, 166
정도보어 ········ 32, 37, 92, 115, 116
정도·상황에 따른 구분 ········ 237
정도에 도달 여부를 중시 ······· 100
정도의 누진 ·················· 104
정반의문문 ··············· 18, 19
장반의문문 형태 ·············· 156
조건과 결과 ·················· 166
조건관계 ···················· 158
조건의 종류 ·················· 151
조건의 필연성 강조 ············ 151
존재의 의미 ·················· 144
존현문 ······················ 227
주로 시간적 공간적 거리 ······· 225
주로 시간적 기점 경과 ········· 225
주어 앞에도 올 수 있는 부사 ····· 14
주어의 위치 ·················· 143
주어의 주동성을 강조 ········· 190
중국어의 기본 어순 ··········· 189
지시대명사 ··················· 73

진행과 지속 ··················· 37
집체양사 ····················· 52
짧은 시간 내에 이루어진다는 의미
 ························· 204

(ㅊ)
차례·순서의 의미 ············· 52
처치 ························ 189
처치문 ······················ 190
최상급 ······················· 98
추상적 의미 ··················· 77
충분조건 ···················· 153

(ㅌ·ㅍ)
특지의문문 ··················· 204
판단동사 ····················· 11
피동 ··············· 176, 177, 182
피동문 ······················ 179
피치 못할 사정 ················ 127
필수조건 ···················· 153
필요성·의무·권고 등 ··········· 51

(ㅎ)
항목의 증가 ·················· 217
행동패턴 ···················· 112
행동의 원인·대상 ············· 128
행위에 소비하는 시간 ····· 216, 218
행위의 목적 ·················· 131
행위의 습관적 패턴 ··········· 111
행위·행동의 시간 ············· 220
형용사술어문 ················· 12
형용사의 중첩 ················ 114

상용어휘 찾아보기

(A)

a 啊 ··· 59
ānjìng 安静 ···························· 178
ànzhào 按照 ·························· 139

(B)

bǎ 把 ···················· 183, 189, 195
bǎwò 把握 ····························· 139
ba 吧 ······················· 51, 54, 59
bái 白 ····································· 61
bāngmáng 帮忙 ······················ 52
bāngzhù 帮助 ·························· 52
bǎochí 保持 ··········· 127, 131, 138
bàogào 报告 ··························· 58
bèi 被 ······· 179, 180, 181, 182, 183
běnlái 本来 ····························· 34
běnrén 本人 ····························· 53
bǐ 比 ················· 97, 98, 100, 103, 104
bǐjiào 比较 ······························ 77
bìrán 必然 ····························· 163
bìxū 必须 ································ 53
biàn 遍 ·································· 216
biànchéng 变成 ······················ 89
biànde 变得 ·························· 127
biérén 别人 ····························· 87
bìng 并 ································· 238
bìngqiě 并且 ············· 167, 168, 238
bù 不 ················· 18, 40, 169, 204, 208
bùbǐ 不比 ···················· 100, 101, 102
bùbì 不必 ································ 60

bùcuò 不错 ··························· 113
bùdà 不大 ····························· 113
bùdàn 不但 ··············· 167, 168, 169
bùdébù 不得不 ························ 34
bùdǒng 不懂 ························· 205
bùguǎn 不管 ··········· 21, 144, 155, 156
bùguò 不过 ····················· 88, 146
bùhuì 不会 ···························· 205
bùjiànbùsàn 不见不散 ·········· 239
bùjièyì 不介意 ······················ 145
bùjǐn 不仅 ················ 167, 168, 169
bùkě 不可 ···················· 51, 61, 132
bùrú 不如 ······························ 101
bùshì 不是 ····················· 164, 207
bùtài 不太 ···························· 113
bùyào 不要 ······························ 60
bùyòng 不用 ···························· 60
bùzàihu 不在乎 ····················· 145
bùzàiyì 不在意 ····················· 145

(C)

cái 才 ········ 127, 152, 153, 220, 221, 222
cǎinà 采纳 ··························· 180
cǎiqǔ 采取 ··························· 180
cǎiyòng 采用 ························ 180
cāoxīn 操心 ···························· 72
céngjīng 曾经 ················ 183, 191
chàbuduō 差不多 ············· 99, 105
chàdiǎnr 差点儿 ····················· 99
chángcháng 常常 ··········· 153, 244

chángduǎn 长短 ·················· 105
cháo 朝 ·························· 203
chéngwéi 成为 ·················· 89
chōngfēn 充分 ·················· 157
chōngzú 充足 ············· 157, 178
chúfēi 除非 ···················· 152
chúle 除了 ······················ 170
cì 次 ···························· 216
cóng 从 ········ 18, 36, 127, 181, 225
cónglái 从来 ············· 181, 206
cóngqián 从前 ·················· 98

(D)
dāying 答应 ···················· 87
dǎ 打 ··························· 85
dǎsuan 打算 ················ 31, 38
dàgài 大概 ···················· 225
dàxiǎo 大小 ···················· 105
dàyi 大意 ······················ 157
dàyuē 大约 ···················· 225
dānxīn 担心 ···················· 72
dàn 但 ···················· 142, 143
dànshì 但是
  ············· 88, 142, 143, 144, 145, 146
dāng 当 ························ 241
dāngrán 当然 ·················· 139
dǎo 倒 ························· 144
dào 到 ························· 127
dàodǐ 到底 ················· 14, 16
de 地 ··························· 37
de 的 ····················· 37, 201, 202
de 得 ······················· 37, 112
děi 得 ············· 51, 53, 103, 114, 115
děng 等 ···················· 166, 204
dǒng 懂 ······················· 237

dōu 都 ········ 74, 75, 98, 144, 156, 157,
   158, 170, 191, 201, 204, 205, 221, 245
duì 对 ······················ 13, 39
duìyú 对于 ·················· 13, 18
duō 多 ················ 17, 206, 224
duōshao 多少 ·············· 227, 243

(E)
ér 而 ··························· 238
érqiě 而且 ················ 167, 168
érshì 而是 ···················· 164
èr 二 ··························· 218

(F)
fánshì 凡是 ···················· 158
fǎn'ěr 反而 ···················· 169
fēi 非 ···················· 51, 61, 132
fēicháng 非常 ·················· 103
fèijìn 费劲 ····················· 61
fèixīn 费心 ················· 61, 72
fǒuzé 否则 ···················· 152
fúhé 符合 ···················· 240

(G)
gāi 该 ················ 52, 71, 75, 76
gǎnchù 感触 ·················· 178
gǎnjué 感觉 ···················· 17
gǎnshòu 感受 ·················· 178
gǎnxiǎng 感想 ·················· 178
gāodǐ 高低 ···················· 105
gàosu 告诉 ················ 58, 180
gè 各 ··························· 166
gěi 给 ············· 60, 182, 183, 191, 194
gēn 跟 ············· 39, 98, 99, 100, 102
gēnjù 根据 ···················· 139

gèng 更 ·················· 100, 102, 103
gòng 共 ························· 75
guānyú 关于 ····················· 18
guānzhào 关照 ··················· 54
guǒrán 果然 ····················· 89
guo 过 ················ 183, 207, 216

(H)
hái 还 ············ 103, 163 166, 167, 168,
                           169, 170, 217
háishi 还是 ········ 11, 21, 56, 92, 141,
                                 156, 157
háiyǒubǐ 还有比 ················ 102
hǎo 好 ······················ 133, 206
hǎoma 好吗 ··················· 11, 20
hǎoxiàng 好像 ·················· 106
hé 和 ························· 238
hébì 何必 ····················· 208
héshì 合适 ···················· 240
hékuàng 何况 ·················· 208
hěn 很 ···················· 103, 205
hòulái 后来 ················ 55, 226
hùxiāng 互相 ··················· 56
huídá 回答 ····················· 87
huì 会 ············· 71, 72, 78, 85, 86, 87
huòshi 或是 ············· 21, 156, 157

(J)
jīhū 几乎 ······················ 205
jí 极 ······················ 32, 115
jíshǐ 即使 ······· 137, 140, 141, 142, 143
jǐ 几 ······················ 206, 227
jì 既 ························· 162
jìrán 既然 ············· 129, 130, 145, 154
jìshì 既是 ················· 130, 145

jiānchí 坚持 ··················· 131
jiàndào 见到 ··················· 238
jiànmiàn 见面 ·················· 238
jiāo'ào 骄傲 ··················· 239
jiào 叫 ················ 175, 176, 182
jǐn 仅 ························ 244
jǐnjǐn 仅仅 ···················· 244
jǐnguǎn 尽管 ···· 139, 141, 143, 144, 145
jìnlì 尽力 ····················· 132
jiūjìng 究竟 ···················· 16
jiù 就 ·········· 129, 137, 139, 140, 145, 146,
                   153, 154, 204, 220, 221
jiùyào 就要 ···················· 71
jīngcháng 经常 ·········· 153, 163, 244
jīngguò 经过 ·················· 120
jìngrán 竟然 ··················· 89
jiùshì 就是
     ············ 137, 139, 141, 142, 143, 164
jūrán 居然 ····················· 89
jùshuō 据说 ··················· 239
jùxī 据悉 ····················· 239
juéde 觉得 ····················· 17
juédìng 决定 ················ 38, 39
juéxīn 决心 ···················· 39
juéyì 决议 ····················· 39

(K)
kāishǐ 开始 ··················· 127
kànlai 看来 ··················· 106
kànqǐlai 看起来 ·············· 77, 78
kànshàngqu 看上去 ············· 77
kànyàngzi 看样子 ··············· 78
kào 靠 ························ 52
kě 可 ························ 144
kěnéng 可能 ············· 61, 71, 78

kěpà 可怕 ··· 13
kěshì 可是 ················ 88, 143, 144, 146
kěyǐ 可以 ················ 56, 78, 85, 86, 87
kěndìng 肯定 ··· 73
kòng(r) 空(儿) ····································· 75
kǒngpà 恐怕 ··· 13
kuài 快 ··· 71
kuàiyào 快要 ·· 71
kuānzǎi 宽窄 ····································· 105
kuàngqiě 况且 ································· 208

(L)
lái 来 ··· 77, 224
le 了 ······ 40, 54, 55, 71, 183, 190, 207,
216, 220, 245
lí 离 ··································· 18, 225
lìhai 厉害 ·· 239
lìkè 立刻 ··· 36
lìlái 历来 ·· 181
lián 连 ···························· 201, 205, 245
liǎng 两 ··· 218
liǎojiě 了解 ································ 33, 237
líng 零 ··· 223
lìng 令 ··· 175
lìng 另 ··· 165

(M)
máfán 麻烦 ······································· 238
mǎshàng 马上 ····································· 36
mǎhu 马乎 ··· 157
ma 吗 ······························· 11, 207, 208
mǎnyì 满意 ······································· 178
mǎnzú 满足 ······································· 178
méi 没 ·············· 18, 40, 169, 196, 208, 216
méiyǒu 没有 ··· 18, 40, 76, 100, 101, 102

méiyǒubǐ 没有比 ······························ 102
měi 每 ··· 166
míngbái 明白 ···································· 237
miǎnde 免得 ·························· 132, 133

(N)
nǎ 哪 ·· 14, 204
nà 那 ························· 129, 137, 154
nàme 那么
··············· 74, 101, 105, 106, 137, 143
nàyàng 那样 ·· 74
nǎpà 哪怕 ······················· 137, 142, 143
nándào 难道 ····································· 208
nányǐ 难以 ·· 138
ne 呢 ······················· 11, 21, 60, 204, 208
néng 能 ························· 85, 86, 87, 88
nénggòu 能够 ··································· 88
nìngkě 宁可 ······································ 142
nìngkěn 宁肯 ·································· 142
nìngyuàn 宁愿 ································ 142
nǔlì 努力 ·· 132

(O)
ǒu'ěr 偶尔 ··· 163
ǒurán 偶然 ······································· 163

(P)
pà 怕 ··· 13
pānwàng 盼望 ··································· 51
pī 批 ··· 52
píng 凭 ·· 52
píngjìng 平静 ··································· 178

(Q)
qí 骑 ··· 169
qǐjuàn 起见 ··· 133
qǐlai 起来 ··· 73, 77, 179
qiānwàn 千万 ··· 60
qiánhòu 前后 ··· 226
qiánmiàn 前面 ··· 227
qīnzì 亲自 ··· 56
qīngjìng 清静 ··· 178
qǐng 请 ··· 51, 57, 175, 176
qù 去 ··· 140
què 却 ··· 142, 143, 144
qún 群 ··· 52

(R)
ránhòu 然后 ··· 38, 55, 166
ràng 让 ··· 175, 176, 177, 182
rìchángshēnghuó 日常生活 ··· 113
rénmínbì 人民币 ··· 225
rénjiā 人家 ··· 87, 145
rèn 任 ··· 158
rènshi 认识 ··· 237
rènwéi 认为 ··· 240
rúguǒ 如果 ··· 137, 140, 154

(S)
shàngwǎng 上网 ··· 154
shàngxià 上下 ··· 226
shénme 什么 ··· 13, 14, 156, 204, 243
shěngde 省得 ··· 132, 133
shícháng 时常 ··· 244
shíhou 时候 ··· 75
shíjiān 时间 ··· 75
shǐ 使 ··· 175, 176
shì 是 ··· 11, 21, 146, 176, 201, 203

shìbushì 是不是 ··· 20
shìde 似的 ··· 105, 106
shìhé 适合 ··· 240
shūchàng 舒畅 ··· 126
shūfu 舒服 ··· 126
shūshì 舒适 ··· 126
shúxī 熟悉 ··· 237
shùnbiàn 顺便 ··· 33
shùnshǒu 顺手 ··· 33
shùnlì 顺利 ··· 33
shuō 说 ··· 180
sìhū 似乎 ··· 106
suīrán 虽然 ··· 143, 144, 145
suīshuō 虽说 ··· 143
suǒ 所 ··· 181
suǒyǐ 所以 ··· 129, 154

(T)
tài 太 ··· 205
tī 踢 ··· 85
tīngshuō 听说 ··· 239
tōngguò 通过 ··· 120
tōngzhī 通知 ··· 58
tóngyàng 同样 ··· 99

(W)
wànwàn 万万 ··· 60
wànyī 万一 ··· 60
wǎngwǎng 往往 ··· 153, 244
wàng 往 ··· 203
wéi 为 ··· 181
wéizhǐ 为止 ··· 127
wéichí 维持 ··· 131, 138
wèi 为 ··· 128, 129, 132
wèideshì 为的是 ··· 132

wèile 为了 ·········· 129, 131, 132
wúfǎ 无法 ···················· 138
wúlùn 无论 ········ 21, 144, 156, 157
wúsuǒwèi 无所谓 ············· 145

(X)

xīwàng 希望 ··················· 51
xiàlai 下来 ··················· 179
xiān 先 ·················· 166, 204
xiǎnde 显得 ·················· 241
xiǎnrán 显然 ················· 241
xiǎnzhù 显著 ················· 241
xiāngbǐ 相比 ·················· 98
xiǎng 想 ·············· 31, 35, 40
xiàng 向 ···················· 203
xiàng 像 ················ 100, 105
xiànglái 向来 ············ 181, 206
xīnshì 心事 ·················· 106
xīnsī 心思 ··················· 106
xíngbuxíng 行不行 ············· 20

(Y)

yào 要 ······ 31, 35, 40, 51, 59, 71, 137,
                                175, 176
yàoburán 要不然 ·············· 152
yàomìng 要命 ············ 115, 116
yàoshi 要是 ·············· 76, 137
yě 也 ······ 74, 137, 140, 141, 143, 144,
       156, 158, 161, 162, 163, 167, 168,
                      170, 201, 204, 205
yěxǔ 也许 ···················· 61
yī 依 ························ 52
yībiān 一边 ·············· 164, 165
yīdìng 一定 ············ 73, 157, 205
yīfāngmiàn 一方面 ············ 165

yīgòng 一共 ·················· 75
yīhuìr 一会儿 ············ 165, 227
yīmiàn 一面 ················· 164
yīxiàr 一下儿 ················ 227
yīxiàzi 一下子 ··············· 227
yīxie 一些 ············ 97, 104, 227
yīdiǎnr 一点儿 ······ 97, 104, 169, 227
yīqǐ 一起 ····················· 56
yīyánwéidìng 一言为定 ········· 239
yīyàng 一样 ······ 99, 102, 105, 106
yīzhí 一直 ·················· 127
yǐ 以 ···················· 52, 133
yǐbiàn 以便 ················· 133
yǐwéi 以为 ·················· 240
yǐhòu 以后 ·············· 38, 226
yǐmiǎn 以免 ················· 133
yǐqián 以前 ·················· 98
yǐjīng 已经 ············· 183, 191
yīncǐ 因此 ··············· 126, 130
yīntèwǎng 因特网 ············ 154
yīnwèi 因为
            ······ 125, 127, 129, 130, 131, 154
yǐnliào 饮料 ················· 157
yīngdāng 应当 ················ 53
yīnggāi 应该 ············· 51, 53
yóu 由 ······················ 128
yóuyú 由于 ··········· 127, 129, 130
yǒu 有 ······ 17, 35, 100, 112, 144, 192
yǒudeshíhou 有的时候 ········· 242
yǒudiǎnr 有点儿 ············ 77, 169
yǒushí 有时 ················· 242
yǒushíhou 有时候 ············ 242
yòu 又 ······ 32, 161, 162, 166, 193, 206
yuánlái 原来 ·················· 34
yuànyi 愿意 ·············· 40, 59

yuè 越 ·· 243
yuèláiyuè 越来越 ························· 243

(Z)
zài 在 ·· 15, 18, 36, 37, 60, 74, 192, 241
zài 再 ··· 32, 60, 102, 158, 166, 204, 217
zàiyě 再也 ································· 204
zǎo 早 ······································ 191
zǎojiù 早就 ································ 191
zěnme 怎么 ····· 13, 139, 155, 156, 243
zěnmeyàng 怎么样 ······················ 17
zěnyàng 怎样 ····························· 17
zhǎngwò 掌握 ···························· 139
zhàogu 照顾 ······························· 54
zhe 着 ······················· 35, 90, 192
zhème 这么 ······ 74, 101, 105, 106, 204
zhèyàng 这样 ······························ 74
zhèng 正 ···································· 37
zhèngzài 正在 ······························ 37

zhīdao 知道 ························· 33, 237
zhǐ 只 ······································· 244
zhǐděi 只得 ································· 34
zhǐhǎo 只好 ································ 34
zhǐshì 只是 ······························· 244
zhǐyào 只要 ······················ 153, 154, 244
zhǐyǒu 只有 ············ 152, 153, 154, 244
zhìcǐ 置此 ·································· 242
zhōngyú 终于 ····························· 16
zhuǎngào 转告 ··························· 58
zìjǐ 自己 ······························· 53, 145
zǒng 总 ······························· 156, 157
zǒnggòng 总共 ··························· 75
zǒu 走 ······································ 140
zuǒyòu 左右 ······························ 226
zuò 坐 ····································· 169
zuì 最 ·· 98
zuìhǎo 最好 ······················ 51, 56, 98

- 이국희(李國熙)
  영남대학교 중어중문학과 졸업
  대만 중국문화대학 중문연구소 석사
  대만 중국문화대학 중문연구소 박사
  세명대학교 중국어학과 교수

- 저서
  『庾信後期文學中鄕關之思硏究』(台北, 1994)
  『중국문학개론(도표로 이해하는)』(2003)
  『중국문화사(도표로 이해하는)』(2005)
  『중국어기본구문(도표로 이해하는)』(2007)
  『중국고전산문의 이해』(공저)(2008)
  『중국현대시』(편저)(2009)
  『중국어학기초(중국어 학습자를 위한)』(2009)
  『중국어책(통번역 학습을 위한)』(공저)(2011)

도표로 이해하는
중국어 기본구문(普及版)

초판 인쇄 2013년 8월 5일
초판 발행 2013년 8월 12일

저　　자 ｜ 이국희
펴 낸 이 ｜ 하운근
펴 낸 곳 ｜ 學古房

주　　소 ｜ 서울시 은평구 대조동 213-5 우편번호 122-843
전　　화 ｜ (02)353-9907 편집부(02)353-9908
팩　　스 ｜ (02)336-8308
전자우편 ｜ hakgobang@naver.com, hakgobang@chol.com
홈페이지 ｜ http://hakgobang.co.kr
등록번호 ｜ 제311-1994-000001호

ISBN　　978-89-6071-333-8　93720

값 : 14,000원

※ 파본은 교환해 드립니다.